金陵全書

乙編・史料類

順治江南賦役全書

［上元縣・江寧縣・六合縣・江浦縣］

（清）户部 編

南京出版社
南京出版傳媒集團

圖書在版編目（CIP）數據

順治江南賦役全書. 上元縣・江寧縣・六合縣・江浦縣 / 户部編.-- 南京：南京出版社，2024.8

（金陵全書）

ISBN 978-7-5533-4761-5

Ⅰ. ①順… Ⅱ. ①户… Ⅲ. ①賦税制度 - 史料 - 華東地區 - 清代 Ⅳ. ①F812.949

中國國家版本館CIP數據核字（2024）第088221號

書　　名　【金陵全書】（乙編・史料類）
　　　　　順治江南賦役全書［上元縣・江寧縣・六合縣・江浦縣］
作　　者　（清）户　部
出版發行　南京出版傳媒集團
　　　　　南 京 出 版 社
　　　　　社址：南京市太平門街53號　　郵編：210016
　　　　　網址：http://www.njcbs.cn　　電子信箱：njcbs1988@163.com
　　　　　聯繫電話：025-83283893、83283864（營銷）　025-83112257（編務）

出 版 人　項曉寧
出 品 人　盧海鳴
責任編輯　程　瑶
裝幀設計　楊曉崗
責任印製　楊福彬

製　　版　南京新華豐製版有限公司
印　　刷　南京凱德印刷有限公司
開　　本　889毫米 × 1194毫米　1/16
印　　張　26.5
版　　次　2024年8月第1版
印　　次　2024年8月第1次印刷
書　　號　ISBN 978-7-5533-4761-5
定　　價　800.00元

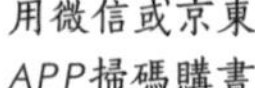

上元縣

一縣田畝大總

原額田地山塘灘蕩雜產共捌千捌百玖頃捌拾壹畝捌分肆釐肆毫壹絲內

上鄉田伍千玖拾壹頃陸拾伍畝叁分肆釐壹毫壹絲每畝起派本色漕南米肆升捌勺陸抄玖撮陸粟陸粒壹顆玖黍共徵本色米貳萬捌百玖石壹斗壹升貳合貳抄玖撮貳圭肆粟叁粒柒顆壹黍

每畝起派稅糧條鞭并玖釐地畝銀肆分玖釐玖

毫陸忽陸微伍纖伍沙肆塵伍渺壹漠共徵銀貳
萬伍千肆百壹拾兩柒錢叁分玖釐壹毫肆絲叁
忽叁微伍纖陸沙柒塵肆渺肆漠
下鄉田叁百柒頃玖拾壹畝柒分玖毫毎畝起派本
色漕南米叁升陸合陸勺貳抄貳撮捌圭玖粟伍
粒伍顆陸黍共徵本色米壹千壹百貳拾柒石陸
斗捌升壹合伍勺肆抄叁撮捌圭陸粟叁粒伍顆
捌黍毎畝起派稅糧條鞭并玖釐地畝銀肆分陸
釐貳絲伍忽肆微叁沙捌塵伍漠共徵銀壹千肆

百壹拾柒兩貳錢捌毫肆絲伍微柒纖壹沙捌渺
肆漠
原荒田捌拾玖頃柒拾壹畝貳分柒釐捌毫毎畝起
派荒白銀壹分柒釐陸毫玖絲共徵銀壹百伍拾
捌兩柒錢壹釐玖毫柒忽捌微貳纖
告改荒田柒拾貳頃玖拾玖畝貳分玖釐陸毫毎畝
起派荒白銀壹分陸釐貳毫伍絲共徵銀壹百壹
拾捌兩陸錢壹分叁釐伍毫陸絲
上鄉地壹千叁百玖拾柒頃玖拾壹畝陸分伍釐伍

毫每畝起派本色漕南米貳升貳合捌勺柒撮捌
圭伍粟叁粒壹顆叁黍共徵本色米叁千壹百捌
拾捌石叁斗肆升柒合伍勺叁抄伍撮壹圭伍粟
壹粒玖顆伍黍每畝起派稅糧條鞭弁玖釐地畝
銀貳分柒釐貳毫玖絲叁忽肆微玖塵肆渺陸漠
共徵銀叁千捌百壹拾伍兩叁錢捌分玖釐陸毫
捌絲捌忽捌微肆纖肆沙叁塵陸渺玖漠
下鄉地陸拾貳頃柒拾捌畝柒分陸釐捌毫每畝起
派本色漕南米壹升捌合捌勺玖抄柒撮玖圭叁

粟伍粒肆顆伍黍共徵本色米壹百壹拾捌石陸
斗伍升伍合柒勺伍抄貳撮叁圭陸粟壹粒玖顆
叁黍每畝起派稅糧條鞭并玖釐地畝銀貳分肆
釐壹毫壹絲肆忽伍微叁纖貳沙貳塵壹渺貳漠
共徵銀壹百伍拾壹兩肆錢玖釐伍毫伍絲叁忽
壹微玖纖壹沙壹塵
蘆地壹拾叁頃肆拾壹畝叁分伍釐壹毫每畝起派
本色漕南米肆升伍合陸勺壹抄伍撮柒圭陸粒
貳顆伍黍共徵本色米陸拾壹石壹斗捌升陸合

陸勺柒抄叁撮貳圭壹粒柒顆玖黍每畝起泒稅
糧條鞭并玖釐地畝銀伍分肆釐伍毫捌絲陸忽
捌微壹沙捌塵玖渺貳漠共徵銀柒拾叁兩貳錢
貳分陸絲壹忽叁微伍沙壹塵伍漠
草塲地叁拾伍畝每畝起泒本色漕南米叁合柒勺
伍撮壹圭壹粟貳粒玖顆叁黍共徵本色米壹斗
貳升玖合陸勺柒抄捌撮玖圭叁粟陸粒叁顆伍
黍每畝起泒稅糧條鞭并玖釐地畝銀肆釐肆毫
叁絲叁忽柒微捌纖伍沙陸塵玖渺共徵銀壹錢

伍分伍釐壹毫捌絲貳忽肆微柒纖玖沙陸塵陸

渺伍漠

原荒地叁拾頃捌拾畝貳分壹釐伍毫每畝起派荒

白銀壹分共徵銀叁拾兩捌錢貳釐壹毫伍絲

告墾荒地壹拾壹頃捌拾陸畝捌分壹釐叁毫每畝

起派荒白銀捌釐柒毫伍絲共徵銀壹拾兩叁錢

捌分肆釐陸毫壹絲叁忽柒微伍纖

山塘雜產壹千柒百貳拾伍頃捌拾玖畝捌釐肆毫

每畝起派本色漕南米陸合伍勺壹抄陸撮伍圭

貳粟玖粒肆顆陸黍共徵本色米壹千壹百貳拾
肆石陸斗捌升壹合捌勺伍抄壹撮貳圭肆粟陸
顆玖黍每畝起派稅糧條鞭弁玖釐地畝銀柒釐
柒毫玖絲捌忽壹微壹纖肆沙伍塵伍渺陸漠共
徵銀壹千叁百肆拾伍兩捌錢陸分玖釐肆毫肆
絲捌忽壹微伍纖伍沙柒塵叁渺陸漠
改荒灘場肆頃伍拾壹畝叁分叁釐肆毫每畝起派
荒白銀貳釐伍毫共徵銀壹兩壹錢貳分捌釐叁
毫叁絲伍忽

以上本縣田地山塘灘場雜產各科則不等照起存錢糧實數驗派共徵稅糧條鞭荒白并玖釐地畝銀叁萬貳千伍百叁拾叁兩陸錢壹分肆釐肆毫捌絲肆忽肆微柒纖叁沙捌塵叁漠

内除優免鄉紳舉貢生員雜職等戶銀伍拾陸兩柒錢玖分柒釐壹毫肆絲柒忽肆纖陸沙肆塵叁渺壹漠　照得優免壹項案准部文不免起解各部正供止免存留雜辦差徭錢糧但紳衿雜職間有陞遷事故逐年增減不一今照見在確數開載如有消長該縣預詳院司于每年派糧易知由单内再爲增減報部查考續於順治拾伍年肆月内准部議停免改解戶部

實徵稅糧條鞭并玖釐地畝銀叁萬貳千肆百柒拾
陸兩捌錢壹分柒厘叁毫叁絲柒忽肆微貳纖柒
沙叁塵柒渺貳漠
實徵漕南本色米豆貳萬陸千肆百貳拾玖石柒斗
玖升伍合陸抄肆撮
一縣人丁大總
原額人丁貳萬玖千貳拾伍丁於順治伍年審增人
丁貳百壹拾柒丁原額審增共人丁貳萬玖千貳
百肆拾貳丁每丁一例派徵銀捌分陸釐共徵銀

貳千伍百壹拾肆兩捌錢壹分貳釐內除鄉紳舉
貢生員吏承等戶優免人丁柒百肆拾玖丁共免
銀陸拾肆兩肆錢壹分肆釐於順治拾伍年肆月內准部文止免鄉紳舉貢生員本身壹丁餘丁并吏承不免外實免銀貳拾肆兩柒錢叁分陸釐餘銀改解戶部充餉
實在當差人丁貳萬捌千肆百玖拾叁丁共徵銀貳
千肆百伍拾兩叁錢玖分捌釐

縣田畝人丁大總

丁田共實徵夏稅秋糧地畝條鞭折色銀叁萬肆千

玖百貳拾柒兩貳錢壹分伍釐叁毫叁絲柒忽肆
微貳纖柒沙叁塵柒渺貳漠内
夏稅銀叁百玖拾捌兩柒錢陸分壹釐壹毫肆絲陸
忽柒微伍纖内本色銀壹百陸兩玖分柒釐叁忽
折色銀貳百玖拾貳兩陸錢陸分肆釐壹毫肆絲
叁忽柒微伍纖
秋糧銀叁萬肆千伍百貳拾捌兩肆錢伍分肆釐壹

毫玖絲陸微柒纖柒沙叁塵柒渺貳漠
戶部本折銀壹萬壹千肆百兩伍錢捌分壹釐玖毫
柒絲玖微壹纖肆沙肆塵
禮部折色銀壹百肆拾叁兩柒錢伍分
兵部折色銀伍千陸拾壹兩貳錢
工部本折銀壹千玖百玖拾柒兩柒錢貳分叁釐捌
毫貳絲柒忽伍微
鋪墊銀貳拾肆兩貳錢玖分伍釐
四部本折水脚等銀陸百貳拾叁兩壹錢肆分伍釐

玖毫捌絲柒忽貳纖柒沙肆塵叁渺貳漠

輕賫等銀貳千陸百貳拾伍兩肆錢捌分捌釐貳毫

壹絲壹忽捌微

本色蓆木板片等銀叁拾叁兩玖錢壹分柒釐陸毫

壹絲

改解南省折色并本色米豆綱司水脚門籌等銀叁

千伍拾伍兩叁錢玖分捌毫叁絲肆忽柒微捌纖

驛站銀叁千捌百玖拾柒兩貳錢零陸釐伍毫陸

絲

兵餉銀貳百捌拾壹兩壹錢

各衙門銀捌百伍拾叁兩柒錢肆分伍釐叁毫捌絲

陸忽捌微

經費銀壹千柒百伍拾貳兩叁錢貳分玖釐叁毫捌

絲

存留支給銀壹千捌百壹拾壹兩叁錢肆分捌釐伍

毫柒忽貳微

裁省解部銀壹千叁百陸拾伍兩玖錢玖分貳釐

陸絲壹忽肆微伍沙伍塵肆渺

外優免丁糧貳項解部銀玖拾陸兩肆錢柒分伍釐壹毫肆絲柒忽肆纖陸沙肆塵叁渺陸漠

實徵本色漕南米壹萬陸千肆百貳拾玖石柒斗

玖升伍合陸抄肆撮內

本色兌軍正米壹萬貳千玖百陸拾玖石每石加耗

肆斗該耗米伍千壹百捌拾柒石陸斗

本色改兌正米叁千陸百柒拾柒石每石加耗叁斗

該耗米壹千壹百叁石壹斗

本色留充本省兵馬米豆叁千壹百叁拾叁石玖升

伍合陸抄肆撮

本色存留孤貧米叁百陸拾石

外不在田畆人丁派徵

雜項出辦

兵部牧馬冏地工部班匠本縣學田等項租銀叁百

陸拾玖兩叁錢壹分捌釐壹毫

本縣解布政司轉解四部折色銀數

夏稅折色起運

戶部項下折色

太倉庫麥折銀陸拾伍兩陸錢陸分水脚銀陸錢伍分陸釐陸毫解費銀壹兩叁錢壹分叁釐貳毫此項原額折色麥陸拾伍石陸斗陸升每石折銀壹兩共銀陸拾伍兩陸錢陸分水脚銀陸錢伍分陸釐陸毫解費銀壹兩叁錢壹分叁釐貳毫

銀硃銀壹百貳拾伍兩捌錢壹分貳釐伍毫鋪墊銀肆兩陸錢壹分叁釐壹毫貳絲伍忽水脚銀壹兩貳錢伍分捌釐壹毫貳絲伍忽解費銀貳兩伍錢壹分陸釐貳毫伍絲此項原解甲字庫本色銀硃柒拾觔每觔原編銀伍錢鋪

墊銀壹錢壹分於順治拾年陸月內奉
旨除解本色外該折色銀硃肆拾壹觔拾伍兩毎觔折銀
叁兩共銀壹百貳拾伍兩捌錢壹分貳釐伍毫鋪
墊銀肆兩陸錢壹分叁釐壹毫貳絲伍忽水脚銀
壹兩貳錢伍分捌釐壹毫貳絲伍忽解
費銀貳兩伍錢壹分陸釐貳毫伍絲

賦硃銀陸錢陸分伍釐鋪墊銀叁錢捌分伍釐水脚
銀陸釐陸毫伍絲解費銀壹分叁釐叁毫此項原解甲字
庫本色賦硃叁拾觔毎觔原編銀壹錢玖分鋪墊
銀壹錢壹分於順治拾年陸月內奉
旨除解本色外該折色賦硃叁觔捌兩毎觔折銀壹錢玖
分共銀陸錢陸分伍釐鋪墊銀叁錢捌分伍釐水
脚銀陸釐陸毫伍絲解
費銀壹分叁釐叁毫

藤黃銀壹兩壹錢貳分伍釐鋪墊銀陸錢壹分捌釐

柒毫伍絲水脚銀壹分壹釐貳毫伍絲解費銀貳

分貳釐伍毫此項原解甲字庫本色藤黃拾伍觔每觔原編銀壹錢鋪墊銀壹錢壹分於順治拾年陸月內奉

旨除解本色外該折色藤黃伍觔拾兩每觔折銀貳錢共銀壹兩壹錢貳分伍釐鋪墊銀陸錢壹分捌釐柒毫伍絲水脚銀壹分壹釐貳毫伍絲解費銀貳分貳釐伍毫

黑鉛銀捌兩壹錢叁分叁釐壹毫貳絲伍忽鋪墊銀

壹兩貳錢柒分捌釐陸絲貳忽伍微水脚銀捌分

壹釐叁毫叁絲壹忽貳微伍纖解費銀壹錢陸分

貳釐陸毫陸絲貳忽伍微此項原解甲字庫本色黑鉛貳百肆拾觔每觔

原編銀叁分伍釐鋪墊銀壹分壹釐於順治拾年
陸月內奉
旨除解本色外該折色黑鉛壹百壹拾陸觔叁兩每觔折
銀柒分共銀捌兩壹錢叁分叁釐壹毫貳絲伍忽
鋪墊銀壹兩貳錢柒分捌釐陸絲貳忽伍微水脚
銀捌分壹釐叁毫叁絲壹忽貳微伍纖解費銀壹
錢陸分貳釐陸毫
陸絲貳忽伍微

烏梅銀陸兩伍錢肆分伍釐鋪墊銀壹兩柒錢玖分
玖釐捌毫柒絲伍忽水脚銀陸分伍釐肆毫伍絲
解費銀壹錢叁分玖毫此項原解甲字庫本色烏梅貳百觔每觔原編銀貳
分鋪墊銀壹分壹釐於順治拾年陸月內奉
旨除解本色外該折色烏梅壹百陸拾叁觔拾兩每觔折
銀肆分共銀陸兩伍錢肆分伍釐鋪墊銀壹兩柒
錢玖分玖釐捌毫柒絲伍忽水脚銀陸分伍釐肆

毫伍絲解費銀
壹錢叁分玖毫

生銅銀陸兩肆錢鋪墊銀壹兩貳錢捌分水脚銀陸
分肆釐解費銀壹錢貳分捌釐此項原解丁字庫本色生銅捌拾觔
每觔原編銀伍分鋪墊銀壹分陸釐於順治拾年
陸月內奉
旨全改折該折色生銅捌拾觔每觔折銀捌分共銀陸兩
肆錢鋪墊銀壹兩貳錢捌分水脚銀陸分肆釐解
費銀壹錢
貳分捌釐

紅熟銅銀壹拾伍兩貳錢玖分壹釐貳毫伍絲鋪墊
銀壹兩捌錢捌分貳釐水脚銀壹錢伍分貳釐玖
毫壹絲貳忽伍微解費銀叁錢伍釐捌毫貳絲伍

忽此項原解丁字庫本色紅熟銅壹百伍拾觔每
觔原編銀壹錢鋪墊銀壹分陸釐於順治拾年
陸月内奉
旨除解本色外該折色紅熟銅壹百壹拾柒觔拾兩每觔
折銀壹錢叁分共銀壹拾伍兩貳錢玖分壹釐貳
毫伍絲鋪墊銀壹兩捌錢捌分貳釐水脚銀壹錢
伍分貳釐玖毫壹絲貳忽伍微解
費銀叁錢伍釐捌毫貳絲伍忽

黄蠟銀壹拾伍兩叁錢鋪墊銀陸錢壹分貳釐水脚
銀壹錢伍分叁釐解費銀叁錢陸釐此項原解丁字庫本色黄
蠟伍拾觔伍兩每觔原編銀貳錢鋪墊銀壹分陸
釐於順治拾年陸月内奉
旨除解本色外該折色黄蠟叁拾捌觔肆兩每觔折銀肆
錢共銀壹拾伍兩叁錢鋪墊銀陸錢壹分貳釐水
脚銀壹錢伍分叁釐
解費銀叁錢陸釐

牛筋銀叁兩貳錢鋪墊銀叁錢貳分水脚銀叁分貳釐解費銀陸分肆釐　此項原解丁字庫本色牛筋貳拾觔每觔原編銀捌分鋪墊銀壹分陸釐於順治拾年陸月內奉
旨全改折該折色牛筋貳拾觔每觔折銀壹錢陸分共銀叁兩貳錢鋪墊銀叁錢貳分水脚銀叁分貳釐解費銀陸分肆釐

水牛角銀貳拾兩鋪墊銀壹兩肆錢水脚銀貳錢解費銀肆錢　此項原解丁字庫本色水牛角貳拾副每副原編銀壹錢鋪墊銀柒分於順治拾年陸月內奉
旨全改折該折色水牛角貳拾副每副折銀壹兩共銀貳拾兩鋪墊銀壹兩肆錢水脚銀貳錢解費銀肆錢

黃牛皮銀壹兩陸錢伍分鋪墊銀陸錢水脚銀壹分

陸釐伍毫解費銀叁分叁釐此項原解丁字庫本色黄牛皮柒張半每
張原編銀貳錢貳分鋪墊銀捌分於順治拾年陸
月内奉
旨全改折該折色黄牛皮柒張半每張銀貳錢貳分共銀
壹兩陸錢伍分鋪墊銀陸錢水脚銀壹分陸釐伍
毫解費銀
叁分叁釐

以上戸部自太倉庫麥折起至黄牛皮止計拾貳款
共銀貳百玖拾貳兩陸錢陸分肆釐壹毫肆絲叁
忽柒微伍纖内正銀貳百陸拾玖兩柒錢捌分壹釐捌毫柒絲伍忽鋪墊銀壹拾肆
兩柒錢捌分捌釐捌毫壹絲貳忽伍微水脚銀貳
兩陸錢玖分柒釐捌毫壹絲捌忽柒微伍纖解費
銀伍兩叁錢玖分伍釐
陸毫叁絲柒忽伍微

秋糧折色起運

戶部項下折色

光祿寺米折銀肆百柒拾柒兩肆錢水脚銀肆兩柒錢柒分肆釐解費銀玖兩伍錢肆分捌釐此項原解光祿寺折色米陸百捌拾貳石每石折銀柒錢共銀肆百柒拾柒兩肆錢水脚銀肆兩柒錢柒分肆釐解費銀玖兩伍錢肆分捌釐

太倉庫米折銀玖百玖拾陸兩叁錢柒分玖毫壹絲叁忽肆微壹纖肆沙肆塵水脚銀玖兩玖錢陸分叁釐柒毫玖忽壹微叁纖肆沙壹塵肆渺肆漠解

費銀壹拾玖兩玖錢貳分柒釐肆毫壹絲捌忽貳微陸纖捌沙貳塵捌渺捌漠此項原解太倉庫折色米壹千陸百陸拾石陸斗壹升捌合壹勺捌抄玖撮貳粟肆粒每石折銀陸錢共銀玖百玖拾陸兩叁錢柒分玖毫壹絲叁忽肆微壹纖肆沙肆塵水脚銀玖兩玖錢陸分叁釐柒毫玖忽壹微叁纖肆沙壹塵肆渺肆漠解費銀壹拾玖兩玖錢貳分柒釐肆毫壹絲捌忽貳微陸纖捌沙貳塵捌渺捌漠

京庫草折銀壹千貳百玖拾柒兩陸錢伍分水脚銀壹拾貳兩玖錢柒分陸釐伍毫解費銀貳拾伍兩玖錢伍分叁釐此項原額馬草肆萬叁千貳百伍拾伍包每包折銀叁分共銀壹千貳百玖拾柒兩陸錢伍分水脚銀壹拾貳兩玖錢柒分陸釐伍毫解費銀貳拾伍兩玖錢伍分叁釐

江南光祿寺改解北稻穀銀壹拾壹兩肆錢伍分陸
釐伍毫壹絲伍忽水脚銀壹錢壹分肆釐伍毫陸
絲伍忽壹微伍纖解費銀貳錢貳分玖釐壹毫叁
絲叁微此項原額折色稻穀叁拾貳石柒斗叁升貳合玖勺准正米壹拾陸石叁斗陸升陸合肆勺伍抄每石折銀柒錢共銀壹拾壹兩肆錢伍分陸釐伍毫壹絲伍忽水脚銀壹錢壹分肆釐伍毫陸絲伍忽壹微伍纖解費銀貳錢貳分玖釐壹毫叁絲叁微
玖釐地畝銀捌千貳百玖拾柒兩叁錢捌分叁釐玖
毫捌絲水脚銀捌拾貳兩玖錢柒分叁釐捌毫叁
絲玖忽捌微解費銀壹百陸拾伍兩玖錢肆分柒

釐陸毫柒絲玖忽陸微此項全書未載於萬曆末年加添今順治肆年奉旨照舊編派徵解

以上戶部下折色自光祿寺米折起至玖釐地畝止

計伍款共銀壹萬壹千肆百壹拾貳兩陸錢陸分

玖釐貳毫伍絲陸微陸纖陸沙捌塵叁渺貳漠內

正銀壹萬壹千捌拾兩貳錢陸分壹釐肆毫捌忽

肆微壹纖肆沙肆塵水脚銀壹百壹拾兩捌錢貳

釐陸毫壹絲肆忽捌纖肆沙壹塵肆渺肆漠解費

銀貳百貳拾壹兩陸錢伍釐貳毫貳絲捌忽壹微

陸纖捌沙貳

塵捌渺捌漠

禮部項下折色

蒼朮銀壹百肆拾叁兩柒錢伍分水脚貳拾貳兩玖分叁釐肆毫壹絲貳忽伍微解費貳兩捌錢柒分伍釐

此項原解禮部本色蒼朮伍千柒百伍拾觔每觔價銀柒釐共銀肆拾兩貳錢伍分水脚銀貳拾捌兩玖錢柒分肆釐伍毫伍絲於萬曆肆拾柒年攺折壹千肆百伍拾觔每觔折銀貳分伍釐共銀叁拾陸兩貳錢伍分水脚銀叁錢陸分貳釐伍毫實徵本色蒼朮肆千叁百觔每觔價銀柒釐共銀叁拾兩壹錢實該本色水脚銀貳拾壹兩柒錢叁分玖毫壹絲貳忽伍微於順治捌年玖月內奉

旨全攺折該折色蒼朮伍千柒百伍拾觔每觔折價貳分伍釐共銀壹百肆拾叁兩柒錢伍分水脚銀貳拾貳兩玖分叁釐肆毫壹絲貳忽伍微解費銀貳兩捌錢柒分伍釐

以上禮部下折色蒼朮壹款共銀壹百陸拾捌兩柒錢壹分捌釐肆毫壹絲貳忽伍微內正銀壹百肆拾叁兩柒錢伍分水脚銀貳拾貳兩玖分叁釐肆毫壹絲貳忽伍微解費銀貳兩捌錢柒分伍釐

兵部項下

折色

兵部備用折色馬銀肆千貳百陸拾兩水脚銀肆拾貳兩陸錢解費銀捌拾伍兩貳錢此項原額折色馬壹百肆拾貳匹每匹原編銀貳拾肆兩共銀叁千肆百捌兩水脚銀叁拾肆兩捌分於順治貳年間准太僕寺劉題請俵馬無論本折每匹折銀叁拾兩除原編外每匹加銀陸兩共加銀捌百伍拾貳兩原額新增共銀

肆千貳百陸拾兩水脚銀肆拾貳
兩陸錢解費銀捌拾伍兩貳錢

兵部草料銀捌百兩水脚銀捌兩解費銀壹拾陸兩

太僕寺短班醫獸銀壹兩貳錢水脚銀陸釐解費銀

貳分肆釐

以上兵部下折色自馬價起至太僕寺醫獸止計共

叁款共銀伍千貳百壹拾叁兩叁分内
正銀伍千陸拾壹兩
貳錢水脚銀伍拾兩陸錢陸釐解
費銀壹百壹兩貳錢貳分肆釐

工部項下折色

工部四司料價銀壹千捌百伍拾柒兩伍錢貳分柒

釐玖絲水脚銀壹拾捌兩伍錢柒分伍釐貳毫柒
絲玖微解費銀叁拾柒兩壹錢伍分伍毫肆絲壹
忽捌微内
營繕司銀伍百玖拾肆兩肆錢捌釐陸毫陸絲捌忽
捌微水脚銀伍兩玖錢肆分肆釐捌絲陸忽陸微
捌纖捌沙解費銀壹拾壹兩捌錢捌分捌釐壹毫
柒絲叁忽叁微柒纖陸沙
虞衡司銀貳百玖拾柒兩貳錢肆釐叁毫叁絲肆忽
肆微水脚銀貳兩玖錢柒分貳釐肆絲叁忽叁微

肆纖肆沙解費銀伍兩玖錢肆分肆釐捌絲陸忽

陸微捌纖捌沙

都水司銀伍百貳拾兩壹錢柒釐伍毫捌絲伍忽貳

微水脚銀伍兩貳錢壹釐柒絲伍忽捌微伍纖貳

沙解費銀壹拾兩肆錢貳釐壹毫伍絲壹忽柒微

肆沙

屯田司銀肆百肆拾伍兩捌錢陸釐伍毫壹忽陸微

水脚銀肆兩肆錢伍分捌釐陸絲伍忽壹纖陸沙

解費銀捌兩玖錢壹分陸釐壹毫叁絲叁纖貳沙

工部營繕司磚料銀陸拾兩貳錢貳分貳釐水脚銀陸錢貳釐貳毫貳絲解費銀壹兩貳錢肆釐肆毫肆絲

工部都水司黃蔴銀壹拾叁兩貳錢捌分叁釐玖毫叁絲柒忽伍微水脚銀壹錢叁分貳釐捌毫叁絲玖忽叁微柒纖伍沙解費銀貳錢陸分伍釐陸毫柒絲捌忽柒微伍纖遇閏加銀叁錢柒分壹釐柒毫叁絲柒忽伍微查此項原額河泊所蔴料銀兩於順治拾壹年肆月內奉部頒發款目冊開載折色黃蔴伍百柒拾柒觔玖兩每觔折銀貳分叁釐共銀壹拾叁兩貳錢捌分叁釐

玖毫叁絲柒忽伍微水脚銀壹錢叁分貳釐捌毫叁絲玖忽叁微柒纖伍沙解費銀貳錢陸分伍釐陸毫柒絲捌忽柒微伍纖遇閏加蘇壹拾陸觔貳兩陸錢該銀叁錢柒分壹釐柒毫叁絲柒忽伍微

工部都水司白蘇銀玖兩叁錢柒分玖釐陸毫伍絲水脚銀玖分叁釐柒毫玖絲陸忽伍微解費銀壹錢捌分柒釐伍毫玖絲叁忽遇閏加銀貳錢柒分柒釐叁毫叁絲壹忽貳微伍纖查此項原額河泊所蘇料銀兩於順治拾壹年肆月內奉部頒發款目冊開載白蘇肆百肆拾陸觔拾兩肆錢遇閏加蘇拾叁觔叁兩叁錢先於順治拾年陸月內奉

旨除解本色外該折色白蘇叁百壹拾貳觔拾兩肆錢捌分每觔折銀叁分共銀玖兩叁錢柒分玖釐陸毫伍絲水脚銀玖分叁釐柒毫玖絲陸忽伍微解費

銀壹錢捌分柒釐伍毫玖絲叁忽遇閏加蔴玖觔
叁兩玖錢壹分該銀貳錢柒分柒釐叁毫叁絲壹
忽貳微
伍纖

工部都水司魚線膠銀壹兩叁錢壹分玖釐玖毫玖
絲水脚銀壹分叁釐壹毫玖絲玖忽玖微解費銀
貳分陸釐叁毫玖絲玖忽捌微遇閏加銀叁分伍
釐貳毫壹絲　查此項原額河泊所蔴料銀兩於順
治拾壹年肆月內奉部領發款目冊
內開魚線膠貳拾叁觔玖兩壹錢肆分遇閏加膠
拾兩陸分先於順治拾年陸月內奉
旨除解本色外該折色魚線膠壹拾陸觔柒兩玖錢玖分
捌釐每觔折銀捌分共銀壹兩叁錢壹分玖釐玖
毫玖絲水脚銀壹分叁釐壹毫玖絲玖忽玖微解
費銀貳分陸釐叁毫玖絲玖忽捌微遇閏加膠柒

兩肆分貳釐該銀叁
分伍釐貳毫壹絲

御用監匠役衣糧銀伍拾壹兩肆錢伍釐陸毫水脚
銀伍錢壹分肆釐伍絲陸忽解費銀壹兩貳分捌
釐壹毫壹絲貳忽遇閏加銀肆兩叁錢壹分叁絲
捌忽伍微查此項原額銀肆拾伍兩叁錢陸分叁
釐遇閏加銀叁兩捌錢捌分伍釐於順
治拾壹年肆月內奉部
頒發款目冊改編前數

以上工部下折色自工部四司料價起至御用監匠
役衣糧止計陸款共銀貳千伍拾貳兩玖錢叁分
貳釐肆毫壹絲伍忽伍微貳纖伍沙遇閏加銀肆

兩玖錢玖分肆釐叄毫壹絲柒忽貳微伍纖內正銀壹千玖百玖拾叄兩壹錢叄分捌釐貳毫陸絲柒忽伍微水脚銀壹拾玖兩玖錢叄分壹釐叄毫捌絲貳忽陸微柒纖伍沙解費銀叄拾玖兩捌錢陸分貳釐柒毫陸絲伍忽叄微伍纖

本縣解布政司轉解戶部本色物料數

夏稅本色起運

戶部項下本色

甲丁貳庫本色銀硃等料原編銀叄拾兩柒錢壹分肆釐陸毫捌絲柒忽伍微鋪墊銀玖兩伍錢陸釐壹毫捌絲柒忽伍微貼備使費等銀叄拾壹兩貳

錢貳分共銀柒拾壹兩肆錢肆分零捌毫柒絲伍

忽內該辦解

甲字庫

本色銀硃貳拾捌觔壹兩每觔原編銀伍錢鋪墊銀

壹錢壹分該價銀壹拾肆兩叁分壹釐貳毫伍絲

鋪墊銀叁兩捌分陸釐捌毫柒絲伍忽

本色膩硃貳拾陸觔捌兩每觔原編銀壹錢玖分鋪

墊銀壹錢壹分該價銀伍兩叁分伍釐鋪墊銀貳

兩玖錢壹分伍釐

本色藤黃玖觔陸兩每觔原編銀壹錢鋪墊銀壹錢
壹分該價銀玖錢叁分柒釐伍毫鋪墊銀壹兩叁
分壹釐貳毫伍絲

本色黑鉛壹百貳拾叁觔拾叁兩每觔原編銀叁分
伍釐鋪墊銀壹分壹釐該價銀肆兩叁錢叁分叁
釐肆毫叁絲柒忽伍微鋪墊銀壹兩叁錢陸分壹
釐玖毫叁絲柒忽伍微

本色烏梅叁拾陸觔陸兩每觔原編銀貳分鋪墊銀
壹分壹釐該價銀柒錢貳分柒釐伍毫鋪墊銀肆

錢壹毫貳絲伍忽

丁字庫

本色紅熟銅叁拾貳觔陸兩每觔原編銀壹錢鋪墊銀壹分陸釐該價銀叁兩貳錢叁分柒釐伍毫鋪墊銀伍錢壹分捌釐

本色黃蠟壹拾貳觔壹兩每觔原編銀貳錢鋪墊銀壹分陸釐該價銀貳兩肆錢壹分貳釐伍毫鋪墊銀壹錢玖分叁釐查甲丁貳庫銀硃等料原編價銀捌拾陸兩捌錢陸分捌釐肆毫叁絲柒忽伍微鋪墊銀貳拾叁兩陸錢陸分玖釐壹毫內除撥解折色銀伍拾陸兩壹錢伍分叁

釐柒毫伍絲鋪墊銀壹拾肆兩壹錢陸分貳釐玖毫壹絲貳忽伍微實存原編銀叁拾兩柒錢壹分肆釐陸毫捌絲柒忽伍微鋪墊銀玖兩伍錢陸釐壹毫捌絲柒忽伍微

承運庫

原解江南今改解京本色壹分貳釐絹貳拾捌疋叁分貳釐每疋原編銀柒錢共銀壹拾玖兩捌錢貳分肆釐綱司水脚銀壹拾肆兩捌錢叁分貳釐壹毫貳絲捌忽

以上甲丁承運叁庫本色銀硃絲絹等項價值先於順治玖年拾月內准戶部咨開已經具　題奉

旨各項本色責成布政司每年於壹兩月之前確查時價據實估定申報督撫咨部查考一面徑行所屬州

縣照估定時價徵銀解交藩司選委職官領銀採買物料裝運解部今新奉

俞旨本色顏料各款令各屬自行採辦徑解內部已遵行該州縣辦解至隨時增價逐一預先報明另編今將舊編銀數照舊造入其不敷銀兩遵照估定時價徵辦

以上戶部下本色銀硃等項自本色銀硃起至絲絹止計捌款共銀壹百陸兩玖分柒釐叁忽內正銀伍拾兩伍錢叁分捌釐陸毫捌絲柒忽伍微鋪墊銀玖兩伍錢陸釐壹毫捌絲柒忽伍微綱司水脚貼備使費銀肆拾陸兩伍分貳釐壹毫貳絲捌忽

本縣兌運本色漕糧米數

秋糧本色起運

戶部項下本色

正兌漕米壹萬貳千玖百陸拾玖石每石加耗肆斗該耗米伍千壹百捌拾柒石陸斗共正耗米壹萬捌千壹百伍拾陸石陸斗

改兌漕米叁千陸百柒拾柒石每石加耗叁斗該耗米壹千壹百叁石壹斗共正耗米肆千柒百捌拾石壹斗

以上戶部下本色漕米壹款共正耗米貳萬貳千玖百叁拾陸石柒斗

本縣支給運官蓆木銀數

本色叁分蘆蓆米銀貳拾肆兩玖錢陸分玖釐

本色叁分楞木松板銀捌兩玖錢肆分捌釐陸毫壹絲

本縣解淮安府漕河貳庫輕賫河工銀數

貳陸輕賫米銀壹百貳拾肆兩玖錢玖釐水脚解費銀叁兩柒錢肆分柒釐貳毫柒絲查此項原額銀壹千伍百壹拾玖兩伍錢壹分水脚解費銀肆拾伍兩伍錢捌分伍釐叁毫內撥出舊額河工銀壹百貳拾玖兩陸錢玖分水脚解費銀叁兩捌錢玖分柒毫又撥出改派河工車盤銀壹千貳百陸拾肆兩玖錢壹分

壹釐水脚解費銀叁拾柒兩玖錢肆分
柒釐叁毫叁絲除撥出外實編前數
隨糧壹升蘆蓆米銀伍拾捌兩貳錢陸分壹釐解費
銀壹兩壹錢陸分伍釐貳毫貳絲查此項原額銀捌拾叁兩貳錢
叁分內撥出本色叁分銀貳拾肆兩玖錢
陸分玖釐給發運官辦解本色實編前數
楞木松板銀貳拾兩捌錢捌分玖絲解費銀肆錢壹
分柒厘陸毫壹忽捌微查此項原額銀貳拾玖兩捌錢貳分捌釐柒毫內撥
出本色叁分銀捌兩玖錢肆分捌釐陸
毫壹絲給發運官辦解本色實編前數
正改兌壹分筐纜銀壹百陸拾陸兩肆錢陸分水脚
解費銀肆兩玖錢玖分叁釐捌毫

收兌項下貳升變易米銀叁拾陸兩柒錢柒分解費
銀柒錢叁分伍釐肆毫
陸升過江米銀伍百玖拾玖兩貳錢伍分陸釐以上徵解
淮安府
漕庫
舊額河工銀壹百貳拾玖兩陸錢玖分水脚解費銀
叁兩捌錢玖分柒毫
輕賫改派河工車盤銀壹千貳百陸拾肆兩玖錢壹
分壹釐水脚解費銀叁拾柒兩玖錢肆分柒釐叁
毫叁絲查此貳項原係輕賫數內撥出另解

溜夫工食銀壹百陸拾陸兩肆錢陸分水脚解費銀肆兩玖錢玖分叁釐捌毫以上叁項徵解淮安府河庫

以上隨漕輕賫河工等項自本色蘆蓆起至溜夫工食止計拾壹款共銀貳千陸百伍拾玖兩肆錢伍厘捌毫貳絲壹忽捌微内正銀貳千陸百壹兩伍錢壹分肆釐柒毫水脚解費銀伍拾柒兩捌錢玖分壹釐壹毫貳絲壹忽捌微

工部項下本色

工部都水司本色白蔴壹百叁拾叁觔拾伍兩玖錢貳分每觔原編銀叁分共銀肆兩壹分玖釐捌毫

伍絲遇閏加蘇叁觔拾伍兩叁錢玖分該銀壹錢壹分捌釐捌毫伍絲陸忽貳微伍纖查此項准部頒本色白蘇肆百肆拾陸觔拾兩肆錢於順治拾年陸月內奉

旨除改解柒分折色外該本色白蘇壹百叁拾叁觔拾伍兩玖錢貳分每觔原編銀叁分共銀肆兩壹分玖釐捌毫伍絲遇閏加蘇叁觔拾伍兩叁錢玖分該銀壹錢壹分捌釐捌毫伍絲陸忽貳微伍纖

工部都水司本色魚線膠柒觔壹兩壹錢肆分貳釐每觔原編銀捌分共銀伍錢陸分伍釐柒毫壹絲遇閏加膠叁兩壹分捌釐該銀壹分伍釐玖絲查此項准部頒本色魚線膠貳拾叁觔玖兩壹錢肆分於順治拾年陸月內奉

旨除解柒分折色外該本色魚線膠柒觔壹兩壹錢肆分
貳釐每觔原編銀捌分共銀伍錢陸分伍釐柒毫
壹絲遇閏加膠叁兩壹分
捌釐該銀壹分伍釐玖絲
以上白蘇魚線膠貳項准部駁全書簽開仍解本
色者價值奉
旨照刊書價值開列每年貳月內督撫確查時估　題明
填入易知单内照數徵派委官辦解不許遺累民
間

以上工部都水司本色白蘇魚線膠貳款共銀肆兩
伍錢捌分伍釐伍毫陸絲　遇閏加銀壹錢叁分叁釐玖毫肆絲陸忽貳微
伍
織

本縣解省倉轉給省城兵馬糧料本色米豆數

原解南光祿寺改解江寧倉本色黑豆壹百貳拾石柒斗伍升每石加耗伍斗伍升船錢貳升盤用伍升共陸斗貳升該耗豆柒拾肆石捌斗陸升伍合

共正耗豆壹百玖拾伍石陸斗壹升伍合外綱司水脚銀叁拾壹兩壹錢　查此項原額正麥捌拾石伍斗每石加耗伍斗伍升船錢貳升盤用伍升共陸斗貳升俱每石徵銀肆錢共銀伍拾貳兩壹錢陸分肆釐收買本色上納該寺外綱司水脚銀叁拾壹兩壹錢於順治柒年拾壹月初玖日准　總督戶部咨明　內部每麥壹石易豆壹石伍斗實徵前數綱司水脚銀充餉共原編價銀摘出不入編派

原解南光祿寺改解江寧倉本色黃豆陸拾柒石捌

斗叄升稻穀柒拾伍石貳斗陸升柒合壹勺准正
米叄拾柒石陸斗叄升叄合伍勺伍抄共准正米
豆壹百伍石肆斗陸升叄合伍勺伍抄每石加耗
貳斗船錢叄升盤用伍升共貳斗捌升該耗米豆
貳拾玖石伍斗貳升玖合柒勺玖抄肆撮共正耗
米豆壹百叄拾肆石玖斗玖升叄合叄勺肆抄肆
撮外水脚銀叄拾叄兩伍錢玖分貳釐柒毫壹絲
其水脚銀兩改充本省兵餉
原解南神宫監改解江寧倉本色白熟糯米陸石准

糙粳正米陸石陸斗糙粳正米貳拾肆石黃豆肆拾叁石稻穀陸拾肆石准正米叁拾貳石共准正米豆壹百伍石陸斗每石加耗貳斗船錢叁升盤用伍升共貳斗捌升該耗米豆貳拾玖石伍斗陸升捌合共正耗米豆壹百叁拾伍石壹斗陸升捌合外綱司水脚銀肆拾玖兩壹錢貳分捌釐其綱司水脚銀兩改充本省兵餉

原解南長安左等肆門倉改解江寧倉本色正米叁百壹拾捌石貳斗肆升每石加耗貳斗船錢叁升

盤用伍升共貳斗捌升該耗米捌拾玖石壹斗柒合貳勺共正耗米肆百柒石叁斗肆升柒合貳勺水脚門籌銀貳拾捌兩陸錢肆分壹釐陸毫其水脚門籌銀兩改充本省兵餉

原解南各衛倉改解江寧倉本色無耗黑豆壹百玖拾叁石捌升外水脚門籌銀壹兩伍錢肆分肆釐陸毫肆絲其水脚門籌銀兩改充本省兵餉

原解南各衛倉改解江寧倉永兌平米壹千陸百壹拾肆石柒斗伍升玖合每石加耗貳斗船錢叁升

盤用伍升共貳斗捌升該耗米肆百伍拾貳石壹斗叁升貳合伍勺貳抄共正耗米貳千陸拾陸石捌斗玖升壹合伍勺貳抄此項正耗米石坐派本省各衛官丁行月貳糧

以上留充本省兵馬糧料本色米豆自光祿寺豆起至水兌平米止計陸款共米豆叁千壹百叁拾叁石玖升伍合陸抄肆撮外綱司水脚門籌銀壹百肆拾肆兩陸釐玖毫伍絲內正米豆貳千肆百伍拾柒石捌斗玖升貳合伍勺伍抄耗米豆陸百柒拾伍石貳斗貳合伍勺壹抄肆撮

本縣存留本色米數

養濟院孤貧壹百名口每名給本色米叁石陸斗共
米叁百陸拾石遇閏加米叁拾石
本縣解布政司留充本省兵餉等項支用銀數
稅糧起運
戶屬項下改充南餉
各衛倉麥折銀叁百叁拾叁兩叁錢叁分陸釐水脚
銀叁兩叁錢叁分叁釐叁毫陸絲解費銀陸兩陸
錢陸分陸釐柒毫貳絲　此項原額折色正麥捌百
叁拾叁石叁斗肆升每石
折銀肆錢共銀叁百叁拾叁兩叁錢叁分陸釐水
脚銀叁兩叁錢叁分叁釐叁毫陸絲解費銀陸兩

陸錢陸分陸釐柒毫貳絲

庫絲絹折銀壹百肆拾伍兩叁錢柒分陸釐水脚銀壹兩肆錢伍分叁釐柒毫陸絲解費銀貳兩玖錢柒釐伍毫貳絲　此項原額折色捌分捌釐絹貳百柒疋陸分捌釐每疋折銀柒錢共銀壹百肆拾伍兩叁錢柒分陸釐水脚銀壹兩肆錢伍分叁釐柒毫陸絲解費銀貳兩玖錢柒釐伍毫貳絲

定場草折銀壹百伍拾壹兩壹錢壹分水脚銀叁兩貳分貳釐貳毫解費銀叁兩貳分貳釐貳毫　此項原額馬草捌千叁百玖拾伍包每包折銀壹分捌釐共銀壹百伍拾壹兩壹錢壹分水脚銀叁兩貳分貳

釐貳毫解費銀叁
兩貳分貳釐貳毫
鄉坊錢鈔銀壹拾肆兩肆錢陸分陸毫玖絲壹忽水
脚銀壹拾柒兩叁錢伍分貳釐捌毫貳絲玖忽肆
微解費銀貳錢捌分玖釐貳毫壹絲叁忽捌微貳
纖
均徭起運
戶屬項下改充南餉
房屋鈔銀貳兩捌錢玖分叁釐肆毫玖絲壹忽解費
銀伍分柒釐捌毫陸絲玖忽捌微貳纖

酒醋鈔銀貳兩捌錢玖分叁釐肆毫玖絲壹忽解費
銀伍分柒釐捌毫陸絲玖忽捌微貳纖

上司謁陵辭陵銀伍拾肆兩解費銀壹兩捌分

南户部庫子銀叁拾陸兩水脚銀壹錢捌分解費銀
柒錢貳分

酒醋局獸醫銀肆兩水脚銀貳分解費銀捌分

鰣魚廠船網什物工食等銀叁百陸拾叁兩柒錢捌
分貳釐肆毫捌絲新增銀陸兩解費銀柒兩叁錢
玖分伍釐陸毫肆絲玖忽陸微

鰣魚廠船綱等銀叁拾壹兩捌錢叁分新增銀壹拾兩解費銀捌錢叁分陸釐陸毫

南戶部鹽倉庫秤銀壹拾貳兩水脚銀陸分解費銀貳錢肆分

糧長勘合銀柒兩叁錢叁分解費銀壹錢肆分陸釐陸毫

塡寫勘合書手工食銀貳兩解費銀肆分

内外守備衙門匠聽事吏銀壹拾柒兩貳錢解費銀叁錢肆分肆釐

廣惠庫銅錢貳萬捌百貳拾文解費錢肆百壹拾陸

文

禮屬項下改充南餉

浡泥國王祭祀銀貳兩解費銀肆分

慶賀表紙銀捌兩伍錢玖分壹釐解費銀壹錢柒分

壹釐捌毫貳絲

祭丁紙劄銀伍兩陸錢陸分貳釐解費銀壹錢壹分

叁釐貳毫肆絲

監生賑濟銀柒兩貳錢解費銀壹錢肆分肆釐

青櫃銀肆兩玖錢玖分伍釐解費銀玖分玖釐玖毫

東宮箋文什物銀肆兩壹錢肆分解費銀捌分貳釐捌毫

囍糠稻皮銀伍兩解費銀壹錢

醫生藥餌銀肆兩捌錢解費銀玖分陸釐

欽天監燈油木炭銀壹拾壹兩陸錢叁分解費銀貳錢叁分貳釐陸毫

清明等節祭祀銀叁兩叁分解費銀陸分陸毫

兵屬項下改充南餉

大勝關弓兵銀壹百叁拾陸兩水脚銀壹兩叁錢陸分解費銀貳兩柒錢貳分

總督部院聽事官吏門皂銀柒拾貳兩水脚銀壹錢肆分肆釐解費銀壹兩肆錢肆分

兵部分司皂隸銀陸拾兩水脚銀陸錢解費銀壹兩貳錢

兵部庫子斗級銀叁拾伍兩壹錢解費銀柒錢貳釐

各道門皂銀伍拾肆兩肆錢解費銀壹兩捌分捌釐

京畿道家伙銀壹兩陸錢陸分陸釐陸毫陸絲陸忽

解費銀叁分叁釐叁毫叁絲叁忽叁微貳纖

太僕寺門子銀肆兩解費銀捌分

操院承印掛號吏銀柒兩貳錢解費銀壹錢肆分肆釐

犒勞牛羊菓酒銀壹拾柒兩捌錢肆分解費銀叁錢伍分陸釐捌毫

陸科皂隸銀叁百玖兩陸錢解費銀陸兩壹錢玖分貳釐

通政司鋪兵銀捌拾伍兩捌錢水脚銀肆錢貳分玖

釐解費銀壹兩柒錢壹分陸釐

京畿道門皂銀叁拾貳兩柒錢解費銀陸錢伍分肆

釐

刑屬項下改充南餉

都察院庫子工食銀陸拾捌兩肆錢水脚銀叁錢貳

分肆釐解費銀壹兩叁錢陸分捌釐

刑部土工銀壹拾肆兩肆錢水脚銀柒分貳釐解費

銀貳錢捌分捌釐

刑部庫子銀伍拾兩肆錢水脚銀伍錢肆釐解費銀

壹兩捌釐
貫城鋪兵銀叁拾陸兩解費銀柒錢貳分
安樂堂土工銀壹拾貳兩水脚銀陸分解費銀貳錢
肆分
工屬項下改充南餉
太常寺豆楷銀貳兩解費銀肆分
薦新子鵞茄菜等銀叁兩玖錢玖分伍釐解費銀柒
分玖釐玖毫
山川壇祭祀銀伍拾兩解費銀壹兩

國子監書房庫子銀貳拾兩解費銀肆錢

太常寺竹籠浄葱銀伍兩伍錢解費銀壹錢壹分

太常寺壇夫銀玖拾兩肆錢解費銀壹兩捌錢捌釐

箕箒銀伍錢玖分叁釐解費銀壹分壹釐捌亳陸絲

懿文陵糊窗紙價茗箒等銀壹拾伍兩貳錢壹釐解

費銀叁錢肆釐貳絲

功臣廟祭祀銀壹拾叁兩玖錢肆分解費銀貳錢柒

分捌釐捌亳

惜薪司柴夫銀壹百貳拾叁兩柒錢解費銀貳兩肆

錢柒分肆釐
織染所庫秤銀柒兩水脚銀叁分伍釐解費銀壹錢
肆分
龍袍擡夫銀壹百叁拾捌兩解費銀貳兩柒錢陸分
車水水夫銀捌拾陸兩解費銀壹兩柒錢貳分
以上留充本省兵餉下自各衛倉麥折起至車水水
夫止計伍拾陸款共銀貳千玖百壹拾壹兩叁錢
捌分叁釐捌毫捌絲肆忽柒微捌纖內正銀貳千捌百貳拾
伍兩玖錢壹分伍釐捌毫壹絲玖忽水脚銀貳拾
捌兩玖錢伍分壹毫肆絲玖忽肆微解費銀伍拾

陸兩伍錢壹分柒釐玖
毫壹絲陸忽叁微捌纖

本縣解給驛站協濟銀數

驛站

龍江遞運所座船水夫叁拾陸名每名銀柒兩貳錢

修理銀貳兩共銀叁百叁拾壹兩貳錢遇閏加銀

貳拾壹兩陸錢

紅船水夫壹拾陸名每名銀柒兩貳錢共銀壹百壹

拾伍兩貳錢遇閏加銀玖兩陸錢

接遞水夫柒拾捌名每名銀柒兩貳錢共銀伍百陸

拾壹兩陸錢遇閏加銀肆拾陸兩捌錢

龍江水馬驛站船水夫貳拾陸名每名銀柒兩貳錢共銀壹百捌拾柒兩貳錢遇閏加銀壹拾伍兩陸錢

龍江水馬驛支應銀壹拾兩捌錢伍分貳釐遇閏加銀玖錢肆釐叁毫叁絲

金陵驛馬價銀貳百捌拾貳兩貳錢肆分捌釐肆毫

内除秋糧折色撥解光祿寺芝蔴折油銀壹拾捌兩肆錢捌分又本府鹽糧内撥解光祿寺鹽糧銀

玖拾伍兩柒錢陸分捌釐肆毫實派條鞭銀壹百
陸拾捌兩遇閏加銀貳拾叁兩伍錢貳分柒毫
江東驛馬價銀壹千壹百捌拾叁兩柒錢陸分內除
秋糧折色本府鹽糧撥給銀壹百兩捌錢叁分捌
釐捌毫實派條鞭銀壹千捌拾貳兩玖錢貳分壹
釐貳毫遇閏加銀玖拾捌兩陸錢肆分陸釐陸毫
陸絲
江東驛厨役壹名銀柒兩貳錢遇閏加銀陸錢
江寧驛馬價支應銀叁百壹拾兩玖錢貳分貳釐捌

毫内除秋糧折色本府鹽糧撥給銀壹百玖拾柒
兩伍錢捌分捌釐捌毫實派條鞭銀壹百壹拾叁
兩叁錢叁分肆釐遇閏加銀貳拾伍兩玖錢壹分
貳毫叁絲
大勝驛站船水夫捌名每名銀柒兩貳錢共銀伍拾
柒兩陸錢遇閏加銀肆兩捌錢
大勝驛支應銀貳拾兩遇閏加銀壹兩陸錢陸分陸
釐陸毫陸絲
棠邑驛馬價銀叁拾伍兩叁錢叁分遇閏加銀貳兩

玖錢肆分肆釐壹毫柒絲

江淮驛驢壹頭銀貳拾壹兩又撥給抵兌浙省馬價

銀貳百陸拾貳兩

遇閏月該加銀貳拾叁兩伍錢捌分叁釐叁毫叁

絲

雲亭驛中馬壹匹銀叁拾捌兩又撥給抵兌浙省馬

價銀捌拾壹兩捌分貳項共銀壹百壹拾玖兩捌

分遇閏加銀玖兩玖錢貳分叁釐叁毫叁絲

龍潭驛驢壹頭銀貳拾壹兩又撥給抵兌浙省馬價

銀壹百伍兩壹錢肆分肆釐又撥鈌額馬價銀貳百陸拾伍兩捌錢陸分玖釐叁毫陸絲叁項通共該銀叁百玖拾貳兩壹分叁釐叁毫陸絲貳忽伍微外遇閏加銀叁拾貳兩陸錢陸分柒釐柒毫捌絲

以上驛站自龍江遞運所起至龍潭驛馬價止計壹拾伍款共銀叁千捌百玖拾柒兩貳錢零陸釐伍毫陸絲外該遇閏加銀叁百壹拾捌兩柒錢陸分柒釐壹毫捌絲

本縣解操院兵餉銀數

均徭

操撫兵餉項下

操院兵餉銀壹百兩加編銀壹百伍兩解費銀肆兩

壹錢遇閏加銀叁拾貳兩

操院取用淳化鎮防守弓兵陸名每名銀陸兩共銀

叁拾陸兩遇閏加銀叁兩

操院取用秣陵鎮防守弓兵陸名每名銀陸兩共銀

叁拾陸兩遇閏加銀叁兩

以上兵餉下自操院兵餉起至秣陵鎮弓兵止計叁
款共銀貳百捌拾壹兩壹錢遇閏加銀叁拾捌兩
内正銀貳百柒拾柒兩解費銀肆兩壹錢遇閏加銀叁拾捌兩

本縣解各衙門銀數

均徭

撫院項下門子工食銀陸兩解費銀壹錢貳分遇閏
加銀伍錢經制分編銀壹拾兩叁錢玖分於順治拾叁年内准部議裁銀肆兩叁錢玖分解　部

撫院項下轎夫銀陸錢貳分解費銀壹分貳釐肆毫
遇閏加銀伍分壹釐陸毫陸絲

撫院供應改編册房寫本吏銀貳拾柒兩伍錢玖分

解費銀伍錢伍分壹釐捌毫　查此項准部駁全書簽開撫院巳有額派書吏廩給銀兩何得又設此項寫本吏銀應裁改解戶部充餉

按院廩給監生廩糧副本等銀叁拾兩水脚銀壹錢

貳分新增銀陸兩解費銀柒錢貳分　查此項先准部駁全書簽開部頒文職經費錄內按院項下原無監生廩糧副本等銀此項應裁改解戶部充餉

學院修理衙舍銀貳拾兩　於順治玖年肆月內會議全裁於順治拾年閏陸月內准總督部院咨明　內部撥給江淮驛抵兗浙省馬價

蘇松學院供應銀叁兩伍錢

漕院項下邳州供應銀肆兩壹釐陸毫水脚銀壹兩

貳錢

協濟淮安府倉折色正米壹千貳拾貳石每石折銀

伍錢共銀伍百壹拾壹兩水脚解費銀壹拾伍兩

叁錢叁分

江南供應機房柴夫脚價銀肆拾捌兩壹錢叁分肆

釐叁毫肆絲解費銀玖錢陸分貳釐陸毫捌絲陸

忽捌微

江南供應機房食米脚價銀捌拾叁兩肆錢柒分伍

釐解費銀壹兩陸錢陸分玖釐伍毫

江南供應機房修理機張渠泛線價銀柒拾兩解費

銀壹兩肆錢

江南供應機房下程人役工食銀玖拾伍兩肆錢解

費銀壹兩玖錢捌釐

江南布政司曆日銀壹兩玖錢肆分叁釐水脚銀叁

分捌釐捌毫陸絲

江南布政司曆日板銀壹兩伍錢解費銀叁分

江南布政司朝

覲路費紙張叁年共銀壹拾伍兩每年徵銀伍兩

江南按察司朝

覲路費紙張叁年共銀壹兩伍錢每年徵銀伍錢

以上各衙門自撫院門子起至按察司朝　覲止計

拾陸款共銀玖百肆拾叁兩貳錢肆釐玖毫捌絲

陸忽捌徵內准部駁全書簽開應裁撫院冊房寫

本吏門子按院監生廩糧副本等項貳款共銀陸拾

玖兩肆錢伍分玖釐陸毫附後裁省數內改解戶

部充餉又於順治玖年肆月內會議應裁學院修

理衙舍銀貳拾兩續於順治拾年閏陸月內准總
督部院咨明　內部撥給江淮驛抵兌浙省馬價
已入前項驛站款內
實解各衙門銀捌百伍拾叁兩柒錢肆分伍釐叁毫
捌絲陸忽捌微遇閏加銀玖錢壹分柒釐肆毫玖
絲

本縣解給府屬各員俸薪衙役工食銀數

本府知府員下分派本縣
俸銀壹百伍兩遇閏加銀捌兩柒錢伍分經制原編俸銀陸拾

貳兩肆分肆釐於順治拾叄年玖月内准部覆
題定將薪銀肆拾貳兩玖錢伍分陸釐以足前數

薪銀貳拾玖兩肆分肆釐經制原編薪銀柒拾貳兩准部議撥銀肆拾貳兩玖
錢伍分陸釐添入俸内餘銀貳拾
玖兩肆分肆釐改解戶部充餉

修理家伙銀貳拾兩叄錢叄分於順治拾貳年肆月内准部文全裁解部

桌圍傘扇銀捌兩柒錢伍分於順治拾貳年肆月内准部文先裁銀捌兩解
部續於順治拾叄年玖月内
又裁銀柒錢伍分一併解部

門子壹名銀陸兩遇閏加銀伍錢經制原編銀柒兩貳錢今裁銀壹兩
貳錢改解
戶部

皂隸柒名每名銀陸兩共銀肆拾貳兩遇閏加銀叄

兩伍錢經制原每名銀柒兩貳錢今每名裁銀壹兩貳錢共裁銀捌兩肆錢改解

戸部

燈籠夫肆名每名銀陸兩共銀貳拾肆兩遇閏加銀貳兩經制原每名銀柒兩貳錢今每名裁銀壹兩貳錢共裁銀肆兩捌錢改解戸部

轎傘扇夫柒名每名銀陸兩共銀肆拾貳兩遇閏加銀叁兩伍錢經制原每名銀柒兩貳錢今每名裁銀壹兩貳錢共裁銀捌兩肆錢改解

戸部

獄卒壹名銀陸兩遇閏加銀伍錢經制原編銀柒兩貳錢今裁銀壹兩貳錢改解

戸部

修倉備辦刑具銀貳拾兩

本府同知員下分派本縣

俸銀貳兩貳錢捌分玖釐叁毫捌絲遇閏加銀壹錢

玖分柒毫捌絲經制原編俸銀壹百柒拾貳兩伍

錢壹分叁釐叁毫捌絲於順治柒

年柒月內准部議裁汰銀壹百柒拾兩貳錢貳分

肆釐於順治拾年閏陸月內准總督部院咨明

內部准撥給雲龍貳驛抵

兌浙省馬價外實編前數

本府通判員下分派本縣

俸銀壹拾壹兩捌分遇閏加銀玖錢貳分叁釐叁毫

於順治拾叁年玖月內准部覆

題定將薪銀撥出添入俸支給

薪銀肆拾陸兩玖錢貳分　經制原編薪銀伍拾捌兩内准部議撥出銀拾壹兩捌分添入俸内餘銀肆拾陸兩玖錢貳分改解戶部

本府儒學教官壹員半分派本縣

俸銀肆拾柒兩貳錢捌分遇閏加銀叁兩玖錢肆分　經制每員原編俸銀拾玖兩伍錢貳分於順治拾叁年玖月内准部覆題定將每員原編薪銀拾貳兩添入俸銀内支給以足前數

齋夫貳名每名銀拾貳兩共銀貳拾肆兩遇閏加銀貳兩

廩生膳夫壹名銀貳拾兩遇閏加銀壹兩陸錢陸分

陸釐陸毫柒絲查此項案准戶部咨開膳夫每學貳名共銀肆拾兩經費錄內開載甚明此指縣學廩生貳拾名爲言也如州學廩生叁拾名應支銀陸拾兩府學廩生肆拾名應支銀捌拾兩自當按數遞增載入全書至於教官從無支膳銀之例難以准從等因查府廩分派本縣壹拾名每名銀貳兩共銀貳拾兩相應註明照數支給

本縣知縣員下經費新編

俸銀肆拾伍兩遇閏加銀叁兩柒錢伍分經制原編俸銀貳拾柒兩肆錢玖分於順治拾叁年玖月內准部覆題定將薪銀拾柒兩伍錢壹分以足前數

薪銀拾捌兩肆錢玖分經制原編薪銀叁拾陸兩內撥出銀拾柒兩伍錢壹分添入俸內餘銀拾捌兩肆錢玖分改解戶部

心紅紙劄銀貳拾兩遇閏加銀壹兩陸錢陸分陸釐

陸毫柒絲　經制原編心紅紙劄油燭銀叁拾兩於

順治拾叁年玖月内准部覆　題定裁

油燭銀壹拾兩

改解戶部充餉

修宅家伙銀貳拾兩　於順治玖年肆月會議全裁今

奉文撥給江淮驛抵兌浙省馬

價

迎送上司傘扇銀拾兩　於順治拾貳年肆月内會議

先裁銀捌兩又於順治拾叁

年玖月内部議續裁

銀貳兩一併解戶部

吏書拾貳名每名銀陸兩共銀柒拾貳兩遇閏加銀

陸兩　經制原每名銀拾兩捌錢今每名裁銀肆兩

捌錢共裁銀伍拾柒兩陸錢今奉文撥給江

淮東葛貳驛抵
兌浙省馬價

門子貳名每名銀陸兩共銀拾貳兩遇閏加銀壹兩
經制原每名銀柒兩貳錢今每名裁銀壹兩貳錢
共裁銀貳兩肆錢今奉文撥給江淮東葛貳驛抵
兌浙省
馬價

皁隸拾陸名每名銀陸兩共銀玖拾陸兩遇閏加銀
捌兩經制原每名銀柒兩貳錢今每名裁銀壹兩
貳錢共裁銀拾玖兩貳錢今奉文撥給江淮
東葛貳驛抵
兌浙省馬價

馬快捌名每名連草料銀拾陸兩捌錢共銀壹百叁
拾肆兩肆錢遇閏加銀拾壹兩貳錢經制原每名
工食并草料

銀拾捌兩案准總督部院馬　咨准戶部咨開除
每名歲支草料銀拾兩捌錢工食銀柒兩貳錢今
每名止裁工食銀壹兩貳錢共裁銀玖兩陸錢
今奉文撥給江淮東葛貳驛抵兌浙省馬價

民壯伍拾名每名銀陸兩共銀叁百兩遇閏加銀貳
拾伍兩　經制原每名銀柒兩貳錢今每名裁銀壹
兩貳錢共裁銀陸拾兩今奉文撥給江淮
東葛貳驛抵
兌浙省馬價

燈籠夫肆名每名銀陸兩共銀貳拾肆兩遇閏加銀
貳兩　經制原每名銀柒兩貳錢今每名裁錢壹兩
貳錢共裁銀肆兩捌錢今奉文撥給江淮東
葛貳驛抵兌
浙省馬價

看監禁卒捌名每名銀陸兩共銀肆拾捌兩遇閏加

銀肆兩經制原每名銀柒兩貳錢今每名裁銀壹兩貳錢共裁銀玖兩陸錢今奉文撥給江淮東葛貳驛抵兌浙省馬價

修理倉監銀貳拾兩

轎傘扇夫柒名每名銀陸兩共銀肆拾貳兩遇閏加銀叁兩伍錢經制原每名銀柒兩貳錢今每名裁銀壹兩貳錢共裁銀捌兩肆錢今奉文撥給江淮東葛貳驛抵兌浙省馬價

庫書壹名銀陸兩遇閏加銀伍錢經制原編銀拾貳兩今裁銀陸兩今奉文撥給江淮東葛貳驛抵兌浙省馬價

倉書壹名銀陸兩遇閏加銀伍錢經制原編銀拾貳兩今裁銀陸兩今

奉文撥給江淮東葛

貳驛抵充浙省馬價

庫子肆名每名銀陸兩共銀貳拾肆兩遇閏加銀貳

兩經制原每名銀柒兩貳錢今每名裁銀壹兩貳錢共裁銀肆兩捌錢今奉文撥給江淮東葛貳

驛抵充浙省馬價

斗級肆名每名銀陸兩共銀貳拾肆兩遇閏加銀貳

兩經制原每名銀柒兩貳錢今每名裁銀壹兩貳錢共裁銀肆兩捌錢今奉文撥給江淮東葛貳

驛抵充浙省馬價

本縣縣丞貳員各照經費新編

俸銀各肆拾兩共銀捌拾兩遇閏加銀陸兩陸錢陸

分陸釐陸毫捌絲經制每員原編俸銀貳拾肆兩貳錢貳釐於順治拾叁年玖月

內准部覆　題定每員將原編薪銀撥拾伍

兩柒錢玖分捌釐添入俸銀支給以足前數

薪銀拾陸兩肆錢肆釐經制每員原編薪銀貳拾肆

兩准部議每員撥銀拾伍兩

柒錢玖分捌釐添入俸內支給每員餘銀捌兩貳

錢貳釐共銀壹拾陸兩肆錢肆釐改解戶部充餉

書辦各壹名每名銀陸兩共銀拾貳兩遇閏加銀壹

兩經制原每名銀柒兩貳錢今每名裁銀壹兩貳

錢共裁銀貳兩肆錢今奉文撥給江淮東葛貳

驛抵兌浙

省馬價

門子各壹名每名銀陸兩共銀拾貳兩遇閏加銀壹

兩經制原每名銀柒兩貳錢今每名裁銀壹兩貳

錢共裁銀貳兩肆錢今奉文撥給江淮東葛貳

驛抵兌浙省馬價

皂隸各肆名每名銀陸兩共銀肆拾捌兩遇閏加銀肆兩經制原每名銀柒兩貳錢今每名裁銀壹兩貳錢共裁銀玖兩陸錢今奉文撥給江淮東葛貳驛抵兌浙省馬價

馬夫各壹名每名銀陸兩共銀拾貳兩遇閏加銀壹兩經制原每名銀柒兩貳錢今每名裁銀壹兩貳錢共裁銀貳兩肆錢今奉文撥給江淮東葛貳驛抵兌浙省馬價

本縣典史員下貼經費新編

俸銀叁拾壹兩伍錢貳分遇閏加銀貳兩陸錢貳分

陸釐陸毫陸絲經制原編俸銀拾玖兩伍錢貳分於順治拾叁年玖月内准部覆
題定將原編薪銀拾貳兩添入俸銀以足前數

書辦壹名銀陸兩遇閏加銀伍錢經制原編銀柒兩貳錢今裁銀壹兩
貳錢撥給江淮東葛貳驛抵兌浙省馬價

門子壹名銀陸兩遇閏加銀伍錢經制原編銀柒兩貳錢今裁銀壹兩
貳錢撥給江淮東葛貳驛抵兌浙省馬價

皂隸肆名每名銀陸兩共銀貳拾肆兩遇閏加銀貳兩經制原每名銀柒兩貳錢今每名裁銀壹兩貳錢共裁銀肆兩捌錢今奉文撥給江淮東葛貳驛抵兌浙省馬價

馬夫壹名銀陸兩遇閏加銀伍錢經制原編銀柒兩貳錢今裁銀壹兩

貳錢撥給江淮東葛

貳驛抵兌浙省馬價

淳化鎮巡檢員下照經費新編

俸銀叁拾壹兩伍錢貳分遇閏加銀貳兩陸錢貳分

陸釐陸毫陸絲經制原編俸銀拾玖兩伍錢貳分

於順治拾叁年玖月內准部文

題定將原編薪銀拾貳兩

添入俸內支給以足前數

書辦壹名銀陸兩遇閏加銀伍錢經制原編銀柒兩貳錢今裁銀壹兩

貳錢撥給江淮東葛

貳驛抵兌浙省馬價

皂隸貳名每名銀陸兩共銀拾貳兩遇閏加銀壹兩

經制原每名銀柒兩貳錢今每名裁銀壹兩貳錢共裁銀貳兩肆錢今奉文撥給江淮東葛貳驛抵兌浙省

馬價

本縣儒學教諭壹員訓導壹員照經費新編

俸銀各叄拾壹兩伍錢貳分共銀陸拾叄兩肆分遇

閏加銀伍兩貳錢伍分叄釐叄毫叄絲經制每員原編俸銀拾玖兩伍錢貳分於順治拾叄年玖月內准部文題定每員原編薪銀拾貳兩添入俸銀以足前數

齋夫陸名每名銀拾貳兩共銀柒拾貳兩遇閏加銀

陸兩

門子伍名每名銀柒兩貳錢共銀叄拾陸兩遇閏加

銀叁兩

學書壹名銀柒兩貳錢遇閏加銀陸錢

教官貳員喂馬草料銀各拾貳兩共銀貳拾肆兩遇

閏加銀貳兩

本縣廩生膳夫貳名每名銀貳拾兩共銀肆拾兩遇閏

加銀叁兩叁錢叁分叁釐叁毫叁絲 查此項案准戶部咨開膳夫每學貳名共銀肆拾兩經費錄開載甚明此指縣學廩生貳拾名爲言也如州廩叁拾名應支銀陸拾兩府廩肆拾名應支銀捌拾兩自當按數遞增載入全書至於教官從無支膳銀之例難以准從等因在案查縣廩貳拾名每名銀貳兩共銀肆拾兩相應註明照數支給

以上自本府知府俸銀起至本縣廩生膳夫止計伍拾肆款共銀貳千叁百肆拾捌兩肆錢玖分壹釐叁毫捌絲内於順治柒年柒月初貳日准部文裁汰同知俸銀壹百柒拾兩貳錢貳分肆釐又於順治玖年肆月内會議裁扣府縣人役工食并本縣修宅家伙等項共銀貳百陸拾陸兩又於順治拾貳年肆月内會議扣裁本府修宅家伙桌圍傘扇并本縣迎送上司傘扇等銀叁拾陸兩叁錢叁分又於順治拾叁年玖月貳拾陸日准部文　題定

照滿官對品支俸應裁本府知府通判幷知縣縣
丞薪銀桌圍傘扇油燭等項銀壹百貳拾叁兩陸
錢捌釐以上肆欵共裁銀伍百玖拾陸兩壹錢陸
分貳釐內於順治拾年閏陸月准江南總督馬
題爲調劑驛困永除民艱事部覆准撥給江淮東
葛貳驛抵兌浙省馬價銀貳百肆拾貳兩又撥給
雲龍貳驛抵兌浙省馬價銀壹百柒拾兩貳錢貳
分肆釐以上貳項已入前項驛站款內支給
實裁銀壹百捌拾叁兩玖錢叁分捌釐改解戶部

實存支給銀壹千柒百伍拾貳兩叁錢貳分玖釐叁
毫捌絲遇閏加銀壹百肆拾壹兩肆錢玖分肆釐
玖絲

本縣存留照舊支解銀數

本府文廟春秋貳祭銀壹拾叁兩伍錢肆分貳釐

啓聖祠貳祭銀壹兩

京都城隍貳祭錢貳兩貳錢

鄉賢名宦祠貳祭銀陸兩貳錢

周公祠貳祭銀貳兩肆錢捌分

程明道祠貳祭銀貳兩肆錢

表忠祠貳祭銀陸兩叁錢貳分貳釐

泰厲壇叁祭銀肆拾兩壹錢肆分 內改編銀貳拾貳兩陸錢肆分給力士工食

鄉飲酒席銀拾陸兩 查此項原編銀叁拾兩內先裁銀拾肆兩撥補雲龍貳驛缺額馬價今又奉文裁銀捌兩改解戶部

桃符門神銀叁兩 查此項原編銀伍兩內先裁銀貳兩今又裁銀壹兩伍錢改解戶部

新進士牌坊銀貳拾陸兩陸錢肆分壹釐捌毫陸絲

中式舉人牌坊銀肆拾兩陸錢柒分柒釐玖毫陸絲

陸忽陸微

本府儒學廪生貳拾名每名銀拾貳兩共銀貳百肆拾兩香燭銀貳兩肆錢遇閏加銀陸兩陸錢陸分陸釐陸毫柒絲查此項准部文議裁叁分之貳應裁銀壹百陸拾兩改解戶部

本縣儒學廪生貳拾名每名銀拾貳兩共銀貳百肆拾兩香燭銀肆兩捌錢遇閏加銀陸兩陸錢陸分陸釐陸毫陸絲查此項准部文議裁叁分之貳應裁銀壹百陸拾兩改解戶部充餉

歳類考試卷等銀叁拾玖兩捌錢叁分叁釐叁毫叁絲查此項准部文議裁銀壹拾玖兩玖錢壹分陸釐陸毫陸絲伍忽改解戶部

學院并府縣考試生童覆試閲卷供應銀玖兩壹錢陸分叁釐叁毫叁絲查此項准部文議裁銀肆兩伍錢捌分壹釐陸毫陸絲伍忽改解戶部

歲貢生員盤纏銀肆拾兩查此項原編銀柒拾貳兩外作與銀伍兩陸錢於順治玖年該前撫院訂正全書議裁銀叁拾柒兩陸錢撥補雲龍貳驛缺額馬價

舊舉人會試盤纏銀伍拾兩捌錢肆分柒釐肆毫陸絲陸忽陸微

應試生員盤纏銀貳拾兩陸分陸釐陸毫陸絲查此項准部文裁銀壹拾兩叁分叁釐叁毫叁絲改解戶部

按院觀風考試生員合用試卷折賞花紅紙筆墨銀柒拾玖兩柒錢查此項准部文議裁銀叁拾玖兩捌錢伍分改解戶部充餉

本府朝覲路費紙張銀壹拾兩查此項准部文議裁叁分之貳應裁銀陸兩陸錢陸分陸釐陸毫陸絲陸忽改解戶部

本縣朝覲路費紙張銀叁拾柒兩查此項准部文議裁叁分之貳應裁銀貳拾肆兩陸錢陸分陸釐陸毫改解戶部

春牛廠門子銀叁兩陸錢遇閏加銀叁錢

本縣孤貧壹百名每名給柴布銀壹兩共銀壹百兩

查此項准部議

全裁改解戶部

季考試卷等銀肆拾兩　查此項准部文議裁

銀貳拾兩改解戶部

文廟朔望行香講書紙筆墨銀伍兩　查此項於順治

玖年肆月會議

全裁

解部

科塲銀捌拾兩捌錢貳分捌釐柒毫柒絲

本府看守大門夜歇人夫捌名每名工食銀貳兩捌

錢捌分共銀貳拾叁兩肆分遇閏加銀壹兩玖錢

貳分

看守督學察院門子銀壹兩捌錢遇閏加銀壹錢伍分

淳化鎮公舘門子銀肆兩遇閏加銀叁錢叁分叁釐叁毫叁絲

本府鋪兵柒名每名銀柒兩貳錢共銀伍拾兩肆錢遇閏加銀肆兩貳錢

本縣接遞皂隸銀柒拾貳兩查此項原額銀壹百肆拾兩於順治玖年該前撫院訂正全書裁銀陸拾捌兩撥補雲龍貳驛缺額馬價

本縣鋪兵肆拾陸名內　撫院等鋪叁拾肆名每名

銀柒兩貳錢磨石等鋪壹拾貳名每名銀陸兩共
銀叁百壹拾陸兩捌錢遇閏加銀貳拾陸兩肆錢
查此項原編鋪兵伍拾名共銀叁百肆拾伍兩陸
錢於順治玖年該前撫院訂正全書議裁下江等
肆察院鋪兵肆名共銀貳拾捌兩
捌錢撥補雲龍貳驛缺額馬價
淳化鎮巡檢司弓兵伍名每名銀柒兩貳錢共銀叁
拾陸兩遇閏加銀壹兩伍錢查此項准部議裁銀拾捌兩改解戶部
本縣吹鼓手貳拾名每名銀柒兩貳錢共銀壹百肆
拾肆兩遇閏加銀拾貳兩查此項原編吹鼓手貳拾捌名共銀貳百壹兩
陸錢於順治玖年該前撫院訂正全書議裁捌名
共銀伍拾柒兩陸錢撥補雲龍貳驛缺額馬價

舉人歲貢入監改抵科場募夫銀肆兩查此項准部議裁銀貳兩改解戶部

主考供事官出場下程每年徵銀玖兩叁錢陸分查此項准部議裁銀肆兩陸錢捌分改解戶部

本縣僱夫驢騾銀肆拾兩改編布政司造冊紙張銀兩

本縣解糧老人叁名每名銀柒兩貳錢共銀貳拾壹兩陸錢查此項准部駁全書簽開錢糧自應官解州縣設有衙役何稱解糧老人名色且各屬並無此項工食銀兩應裁解戶部

本縣聽差老人肆名每名銀柒兩貳錢共銀貳拾捌

兩捌錢查此項原改給本府鋪兵工食今准部駁全書簽開錢糧自應官解州縣設有衙役何稱聽差老人名色且各屬並無此項工食銀兩應裁解戶部

本縣條編折色項下由票紙劄銀貳拾伍兩查此項於順治玖年該前撫院訂正全書議裁銀拾伍兩湊給本部院冊房抄案吏紙張工食之用今准部駁全書簽開撫院已有額定經費何得又留銀壹拾伍兩以作抄案吏紙張之用應裁解部充餉

本縣儒學廩生膳夫貳名共銀肆拾捌兩查此項先准部文議裁叁分之貳應裁銀叁拾貳兩改解戶部案准部駁簽開查經費錄內

欽定併學膳夫貳名每名工食銀貳拾兩共銀肆拾兩此係廩生支領應於款下註明此項多開銀兩改裁解部等因查縣廩膳夫銀兩已與前項儒學款內支給餘銀拾陸兩撥給龍潭驛抵充浙省馬價

本縣更夫銀玖兩遇閏加銀柒錢伍分 查此項原編銀拾捌兩於順治玖年該前撫院訂正全書議裁銀玖兩撥補龍潭驛缺額馬價

安慶府倉折色正米肆拾捌石捌斗肆升毎石折銀伍錢柒分伍釐共銀貳拾捌兩捌分叁釐水脚銀貳兩叁分叁釐貳毫 此項先該前撫院撥補龍潭驛缺額馬價今准總漕部院蔡題歸漕項仍給安慶衛官丁行月貳糧

鰣魚廠船網數內裁扣餘銀貳拾兩柒錢陸分柒釐叁毫壹絲 撥補雲龍貳驛缺額馬價

協濟恤刑銀伍兩貳錢伍分捌釐伍絲 撥補雲龍貳驛缺額馬價

本府鹽糧銀肆百壹拾玖兩肆分查此項於順治肆年奉招撫内院洪訂正經制議將本府塩糧原撥解光祿寺銀叁百玖拾肆兩壹錢玖分陸釐内改抵金陵驛馬價銀玖拾伍兩柒錢陸分捌釐肆毫又改抵江東驛馬價銀壹百兩捌錢叁分捌釐捌毫又改抵江寧驛馬價銀壹百玖拾柒兩伍錢捌分捌釐捌毫餘銀貳拾肆兩捌錢肆分肆釐撥補雲龍貳驛馬價

本府撥剩銀壹百壹拾貳兩肆錢陸分陸釐壹毫捌絲伍忽肆微伍沙伍塵肆渺此項原編本府供應今准部駁全書發開各府巳有額定經費何得又留撥剩銀兩應裁解部充餉

本縣供應過往上司下程小飯中火等銀貳百伍拾兩

本縣備用銀叄百兩查此項准部議全裁攺解戶部

本縣坊廂丁口攺入條編銀貳百壹拾陸兩伍分伍毫

武塲供應叄年共銀伍拾兩每年徵銀壹拾陸兩陸錢陸分陸釐柒毫今准部文裁銀捌兩叄錢叄分叄釐叄毫伍絲攺解戶部充餉

學院考試武生供應銀壹拾伍兩查此項於順治拾叄年玖月內會議准部咨裁銀柒兩伍錢攺解戶部充餉

以上存縣支給自本府文廟祭祀起至學院考試武

生供應銀止計伍拾叁款共銀叁千貳百零伍兩捌錢壹分貳釐叁毫貳絲捌忽陸微伍沙伍塵肆渺內於順治拾叁年玖月內准部議裁府縣應朝鄉飲桃符考校科舉生員糧膳孤貧柴布弓兵工食備用等項共銀玖百貳拾柒兩柒錢貳分捌釐貳毫柒絲陸忽又准部駁全書發開應裁本府撥剩本縣解糧聽差老人并撫院改編冊房抄案吏由票等項共銀壹百柒拾柒兩捌錢陸分陸釐壹毫捌絲伍忽肆微伍沙伍塵肆渺以上貳項共裁

銀壹千壹百伍兩伍錢玖分肆釐肆毫陸絲壹忽
肆微伍沙伍塵肆渺附後裁省數內改解戶部外
又於順治拾年閏陸月內准江南總督馬　咨明
內部准撥給龍潭驛抵兌浙省馬價銀拾陸兩
又該前巡撫部院周　咨明
內部准撥補雲龍貳驛缺額馬價銀貳百陸拾伍
兩捌錢陸分玖釐叁毫陸絲以上貳項共撥給抵
充浙省弁缺額馬價共銀貳百捌拾壹兩捌錢陸
分玖釐叁毫陸絲

實存支給銀壹千捌百壹拾壹兩叁錢肆分捌釐伍毫柒忽貳微過閏加銀陸拾兩捌錢捌分陸釐陸毫陸絲

本縣解布政司轉解戶部裁剩舊編各衙門俸薪工食等項銀數

撫院項下應裁册房寫本吏門子銀叁拾壹兩玖錢捌分解費銀陸錢叁分玖釐陸毫

按院項下應裁監生廩糧副本等銀叁拾陸兩水脚銀壹錢貳分解費銀柒錢貳分

本府知府應裁薪門皂共銀伍拾叁兩肆分肆釐

修宅家伙桌圍傘扇共銀貳拾玖兩捌分

文廟朔望行香銀伍兩

本府通判應裁薪銀肆拾陸兩玖錢貳分

本縣知縣應裁薪銀拾捌兩肆錢玖分

油燭銀壹拾兩

迎送上司傘扇銀壹拾兩

本縣縣丞應裁薪銀壹拾陸兩肆錢肆釐

府縣應朔應裁銀叁拾壹兩叁錢叁分叁釐貳毫陸

絲陸忽

府縣廩生[illegible]廩糧膳夫銀叁百伍拾貳兩

考校科場修理棚厰花紅工食等銀壹百壹拾陸兩

捌錢玖分伍釐壹絲

鄉飲酒席銀捌兩

桃符門神銀叁兩伍錢

淳化鎮巡檢司弓兵銀拾捌兩

本縣備用銀叁百兩

本縣孤貧柴布銀壹百兩

本府撥剩銀壹百壹拾貳兩肆錢陸分陸釐壹毫捌
絲伍忽肆微伍伍沙伍塵肆渺

本縣解糧老人銀貳拾壹兩陸錢

本縣聽差老人銀貳拾捌兩捌錢

本縣由票紙張銀拾伍兩

本縣通共總裁銀壹千叁百陸拾伍兩玖錢玖分
貳釐陸毫壹絲壹忽肆微伍沙伍塵肆渺

[illegible]各田畝[illegible]額徵款項

兵部項下

牧馬草場田地山塘玖拾頃捌拾貳畝捌毫叁絲柒

忽共徵租銀貳百貳拾柒兩叁錢玖分肆釐

工部項下

工部輪班人匠貳拾名每名銀肆錢伍分共銀玖兩

此項於順治貳年准部文免派於順治拾伍年陸

月內奉

旨照舊徵解

工部

學田

本縣學田玖頃玖拾貳畝捌分伍釐捌毫叁絲共徵
租銀壹百叁拾貳兩玖錢貳分肆釐壹毫查此項照舊催
徵聽候　學院項下支取刊刷
考卷及賑濟本縣貧生乏用

雜辦內減徵寬民款項

課程

本縣門攤酒醋本色鈔肆千捌百貳拾貳貫肆百捌
拾伍文每貫折銀陸毫共銀貳兩捌錢玖分叁釐
肆毫玖絲[illegible]忽本色銅錢壹萬肆百壹拾文伍分
遇閏[illegible]肆百壹貫貳百肆拾文銅錢叁百陸拾
[illegible]於順治叁年奉　招撫內院洪　訂正

賦役全書　江寧府上元縣　查

新餉　小項南餉項下在於

田畝　及門攤鋪戶免派

江寧縣

一縣田畝大總

原額田地山塘雜產共柒千肆百肆拾捌頃陸拾畝壹分貳毫柒絲肆忽內

民徵熟田肆千柒百貳拾頃陸拾柒畝陸分壹毫肆絲又公侯功臣等改徵民田壹百貳拾玖頃玖拾肆畝柒分捌釐伍毫壹絲俱每畝起派本色漕南米貳升壹合陸勺叁抄伍撮陸圭柒粒柒顆肆黍

共徵本色米貳萬壹百玖拾伍石捌斗陸升柒合

貳勺伍抄陸撮叁圭壹粟柒粒陸顆肆黍每畝起
派稅糧條鞭并玖釐地畝銀肆分叁釐壹毫貳絲
壹忽柒微陸纖叁沙壹塵柒渺肆漠共徵銀貳萬
玖百壹拾陸兩柒錢肆分伍釐肆毫肆絲伍忽伍
微陸纖捌沙伍塵叁渺貳漠

欺隱田伍頃壹拾畝玖分柒釐陸毫肆絲陸忽每畝
起派本色漕南米肆升伍合陸勺肆抄肆撮貳圭
柒粟玖粒貳顆玖黍共徵本色米貳拾叁石叁斗
貳升叁合壹勺伍抄貳撮貳圭伍粟壹粒叁顆叁

黍每畝起派稅糧條鞭幷玖釐地畝銀肆分柒釐
貳毫陸絲捌忽壹微陸纖陸沙貳塵陸渺陸漠共
徵銀貳拾肆兩壹錢伍分貳釐玖毫貳絲貳微陸
纖玖沙肆塵玖渺肆漠
荒田壹拾項捌拾伍畝肆分伍釐伍毫每畝起派荒
白銀壹分捌釐捌毫捌絲捌忽伍微伍纖共徵銀
貳拾兩伍錢貳釐陸毫柒絲壹忽肆纖貳塵伍渺
荒灘田壹項貳畝陸分伍釐每畝起派荒白銀壹分
共徵銀壹兩貳分陸釐伍毫

民徵熟地壹千肆百肆拾壹項叁拾捌畝叁分柒釐
叁毫叁絲又公侯功臣等改徵民地貳拾壹項陸
拾肆畝捌分玖釐肆毫俱每畝起派本色漕南米
貳升壹合壹勺肆抄肆撮肆圭貳粟伍顆共徵本
色米叁千玖拾叁石肆斗玖升柒合捌勺肆撮叁
粟柒粒捌顆陸黍每畝起派稅糧條鞭并玖釐地
畝銀貳分壹釐捌毫玖絲陸忽陸微柒纖伍沙柒
塵伍渺伍漠共徵銀叁千貳百叁兩伍錢伍分伍
釐貳毫伍忽玖微伍纖陸沙肆塵壹渺陸漠

欺隱地柒頃陸拾陸畝陸分壹釐捌毫捌絲捌忽每
畝起派本色漕南米貳升肆合壹勺陸抄伍撮伍
粟貳粒共徵本色米壹拾捌石伍斗貳升伍合叁
勺捌抄伍撮玖粟柒粒伍顆肆黍每畝起派稅糧
條鞭并玖釐地畝銀貳分伍釐貳絲肆忽柒微柒
纖貳沙貳塵玖渺壹漠共徵銀壹拾玖兩壹錢捌
分肆釐肆毫陸絲貳忽玖微陸沙貳塵伍渺柒漠
荒地五頃壹拾壹畝柒分玖釐柒毫伍絲每畝起派
荒白銀壹分共徵銀伍兩壹錢壹分柒釐玖毫柒

賦役全書　江寧府江寧縣　三

絲伍忽

荒灘地壹頃捌拾柒畝捌分每畝起派荒白銀伍釐

共徵銀玖錢叁分玖釐

民徵山塘雜產壹千伍拾貳頃肆拾伍畝伍分貳釐
捌毫又公侯功臣等改徵民山塘貳拾肆頃柒拾
肆畝玖分壹釐貳毫叁絲俱每畝起派本色漕南
米陸合肆抄壹撮貳圭陸粟貳粒玖顆玖黍共徵
本色米陸百伍拾石柒斗陸升柒合伍勺壹抄貳
圭陸粟叁粒肆顆陸黍每畝起派稅糧條鞭折玖

釐地畝銀陸釐貳毫伍絲陸忽壹微玖纖叁沙柒
渺叁漠共徵銀陸百柒拾叁兩玖錢壹分玖釐捌
毫柒絲貳忽肆微捌沙壹塵叁渺伍漠
欺隱山塘貳拾陸頃捌畝柒分壹釐捌絲每畝起派
本色漕南米陸合肆抄壹撮貳圭陸粟貳粒玖顆
玖黍共徵本色米壹拾伍石柒斗伍升玖合玖勺
捌撮叁粟貳粒壹顆柒黍每畝起派稅糧條鞭并
玖釐地畝銀陸釐貳毫伍絲陸忽壹微玖纖叁沙
柒渺叁漠共徵銀壹拾陸兩叁錢貳分伍毫柒絲

捌忽肆微叁纖陸沙叁漠

以上本縣田地山塘雜產各科則不等照起存錢糧實數驗派共徵稅糧條鞭荒白并玖釐地畝銀貳萬肆千捌百捌拾壹兩肆錢陸分肆厘陸毫叁絲壹忽伍微捌纖伍沙捌渺柒漠內除優免鄉紳舉貢生員雜職等戶銀捌拾叁兩肆錢伍分貳釐貳毫壹絲壹忽陸微貳纖貳沙肆塵伍渺柒漠

照得優免一項案准部文不免起解各部正供止免存留雜辦差徭錢糧但紳衿雜職間有陞遷事故逐年增減不一今照見在確數開載如有消長該縣須詳院司於每年派糧易知由单內再為增減報部查

考續於順治拾伍年肆月内
准戸部議停免改解部充餉

實徵稅糧條鞭并玖釐地畝銀貳萬肆千柒百玖拾
捌兩零壹分貳釐肆毫壹絲玖忽玖微陸纖貳
沙陸塵叁渺

實徵漕南本色米豆貳萬叁千玖百玖拾柒石柒斗
肆升壹合壹抄陸撮

一縣人丁大總

原額人丁貳萬壹千陸百伍拾柒丁於順治伍年審
增人丁捌百叁拾肆丁原額審增共人丁貳萬貳

千肆百玖拾壹丁每丁一例派徵銀柒分肆釐共
徵銀壹千陸百陸拾肆兩叁錢叁分肆釐內除鄉
紳舉貢生員吏承等戶優免人丁陸百壹拾叁丁
共免銀肆拾伍兩叁錢陸分貳釐於順治拾伍年肆月內准部文優免人丁止免鄉紳舉貢生員本身壹丁餘丁并吏承不免外實免銀貳拾兩伍分肆釐餘銀改解部充餉
實在當差人丁貳萬壹千捌百柒拾捌丁共徵銀壹
千陸百壹拾捌兩玖錢柒分貳釐

一縣田畝人丁大總

丁田共實徵夏稅秋糧地畝條鞭折色銀貳萬陸千肆百壹拾陸兩玖錢捌分肆釐肆毫壹絲玖忽玖微陸纖貳沙陸塵叁渺

夏稅銀叁百柒拾柒兩柒錢柒分壹釐壹毫叁絲叁忽柒微伍纖内折色銀貳百玖拾叁兩叁分捌釐叁絲壹忽貳微伍纖本色銀捌拾肆兩柒錢叁分叁釐壹毫貳忽伍微

秋糧銀貳萬陸千叁拾玖兩貳錢壹分叁釐貳毫陸

絲陸忽貳微壹纖貳沙陸塵叁渺

戶部本折銀玖千捌百伍拾伍兩伍錢捌分叁釐陸

毫壹忽柒纖陸沙柒塵捌渺

禮部折色銀壹百壹拾叁兩柒錢伍分

兵部折色銀壹千捌百玖拾壹兩貳錢

工部本折銀壹千貳百玖拾貳兩肆分貳釐壹毫貳

絲伍忽

鋪墊銀貳拾肆兩肆錢叁釐

四部本折水脚綱司解費等銀肆百肆拾伍兩貳錢
柒分陸釐叁毫肆絲叁微壹纖玖沙捌塵壹漠
輕齎等銀貳千叁百叁拾陸兩捌分伍厘陸毫捌絲
捌忽
本色蓆木板片等銀叁拾兩壹錢柒分柒釐陸毫
改解南省折色并本色米豆水脚綱司門籌銀貳千
陸百肆拾貳兩陸錢伍分柒釐壹毫叁絲伍忽
驛站銀貳千柒百陸拾柒兩玖錢柒分玖釐貳毫伍
絲

兵餉銀壹百柒拾叁兩肆錢

各衙門銀貳百壹拾玖兩捌錢叁分柒釐伍毫陸絲

柒忽捌微

經費銀壹千陸百捌拾壹兩叁錢陸分陸毫柒絲

存留支給銀壹千陸百柒拾伍兩玖錢壹分柒釐伍毫

伍絲伍忽肆微

裁省解部銀壹千貳百陸拾柒兩叁錢壹分叁釐捌

毫捌絲柒忽叁微陸纖陸沙肆渺玖漠

外優免丁糧貳項解部銀壹百捌兩柒錢陸分貳毫壹絲壹忽陸微貳纖貳沙肆塵伍渺柒漠

實徵本色漕南米豆貳萬叁千玖百玖拾柒石柒斗肆升壹合壹抄陸撮

本色兌軍正米壹萬壹千伍百肆拾石每石加耗肆斗該耗米肆千陸百壹拾陸石

本色改兌正米叁千貳百柒拾石每石加耗叁斗該耗米玖百捌拾壹石

本色留充本省兵馬米豆叁千叁百貳石柒斗肆升

壹合壹抄陸撮

本色孤貧米貳百捌拾捌石

外不在田畝人丁派徵

雜項出辦

兵部牧馬岡地工部班匠本縣學田等租銀叁百捌

兩壹錢肆分貳釐叁毫陸絲又租錢貳萬壹千陸

百文

本縣解布政司轉解四部折色銀數

夏稅折色起運

戶部項下折色銀數

太倉庫麥折銀陸拾伍兩陸錢陸分水脚銀陸錢伍分陸釐陸毫解費銀壹兩叁錢壹分叁釐貳毫（此項原額折色麥陸拾伍石陸斗陸升每石折銀壹兩共銀陸拾伍兩陸錢陸分水脚銀陸錢伍分陸釐陸毫外解費銀壹兩叁錢壹分叁釐貳毫）

銀硃銀壹百貳拾伍兩捌錢壹分貳釐伍毫鋪墊銀肆兩陸錢壹分叁釐壹毫貳絲伍忽水脚銀壹兩貳錢伍分捌釐壹毫貳絲伍忽解費銀貳兩伍錢壹分陸釐貳毫伍絲（此項原解甲字庫本色銀硃柒拾觔每觔原編價銀伍錢

鋪墊銀壹錢壹分於順治拾年陸月內奉
旨除解本色外該折色銀硃肆拾壹觔拾伍兩每觔折銀叁兩共銀壹百貳拾伍兩捌錢壹分貳釐伍毫鋪墊銀肆兩陸錢壹分叁釐壹毫貳絲伍忽水脚銀壹兩貳錢伍分捌釐壹毫貳絲伍忽解費銀貳兩伍錢壹分陸釐貳毫伍絲

賦硃銀陸錢陸分伍釐鋪墊銀叁錢捌分伍釐水脚銀陸釐陸毫伍絲解費銀壹分叁釐叁毫此項原解甲字庫本色賦硃叁拾觔每觔原編價銀壹錢玖分鋪墊銀壹錢壹分於順治拾年陸月內奉
旨除解本色外該折色賦硃叁觔捌兩每觔折銀壹錢玖分共銀陸錢陸分伍釐鋪墊銀叁錢捌分伍釐水脚銀陸釐陸毫伍絲解費銀壹分叁釐叁毫

藤黃銀壹兩壹錢貳分伍釐鋪墊銀陸錢壹分捌釐

柒毫伍絲水脚銀壹分壹釐貳毫伍絲解費銀貳分貳釐伍毫
此項原解甲字庫本色藤黄壹拾伍觔每觔原編價銀壹錢鋪墊銀壹錢壹分於順治拾年陸月內奉
旨除解本色外該折色藤黄伍觔拾兩每觔折銀貳錢共銀壹兩壹錢貳分伍釐鋪墊銀陸錢壹分捌釐柒毫伍絲水脚銀壹分壹釐貳毫伍絲解費銀貳分貳釐伍毫

黑鉛銀捌兩壹錢叁分叁釐壹毫貳絲伍忽鋪墊銀壹兩貳錢柒分捌釐陸絲貳忽伍微水脚銀捌分壹釐貳毫叁絲壹忽貳微伍纖解費銀壹錢陸分貳釐陸毫陸絲貳忽伍微
此項原解甲字庫本色黑鉛貳百肆拾觔每觔

原編價銀叁分伍釐鋪墊銀壹分壹釐於順治拾
年陸月內奉
旨除解本色外該折色黒鉛壹百壹拾陸觔叁兩每觔折
銀柒分共銀捌兩壹錢叁分叁釐壹毫貳絲伍忽
鋪墊銀壹兩貳錢柒分捌釐陸絲貳忽伍微氺脚
銀捌分壹釐叁毫叁絲壹忽貳微伍纖解費銀壹
錢陸分貳釐陸毫
陸絲貳忽伍微

烏梅銀陸兩捌錢柒分貳釐伍毫鋪墊銀壹兩捌錢
捌分玖釐玖毫叁絲柒忽伍微水脚銀陸分捌釐
柒毫貳絲伍忽解費銀壹錢叁分柒釐肆毫伍絲

此項原解甲字庫本色烏梅貳百壹拾觔每觔原
編價銀貳分鋪墊銀壹分壹釐於順治拾年陸月
內奉
旨除解本色外該折色烏梅壹百柒拾壹觔拾叁兩每觔

折銀肆分共銀陸兩捌錢柒分貳釐伍毫鋪墊銀
壹兩捌錢捌分玖釐玖毫叁絲柒忽伍微水脚銀
陸分捌釐柒毫貳絲伍忽解費
銀壹錢叁分柒釐肆毫伍絲

生銅銀陸兩肆錢鋪墊銀壹兩貳錢捌分水脚銀陸
分肆釐解費銀壹錢貳分捌釐此項原解丁字庫本色生銅捌拾觔
每觔原編價銀伍分鋪墊銀壹分陸釐於順治拾
年陸月内奉
旨全改折該折色生銅捌拾觔每觔折銀捌分共銀陸兩
肆錢鋪墊銀壹兩貳錢捌分水脚銀陸分肆釐解
費銀壹錢
貳分捌釐

紅熟銅銀壹拾伍兩貳錢玖分壹釐貳毫伍絲鋪墊
銀壹兩捌錢捌分貳釐水脚銀壹錢伍分貳釐玖

毫壹絲貳忽伍微解費銀叁錢伍釐捌毫貳絲伍忽

此項原解丁字庫本色紅熟銅壹百伍拾觔每觔原編價銀壹錢鋪墊銀壹分陸釐於順治拾年陸月內奉

旨除解本色外該折色紅熟銅壹百壹拾柒觔拾兩每觔折銀壹錢叁分共銀壹拾伍兩貳錢玖分壹釐貳毫伍絲鋪墊銀壹兩捌錢捌分貳釐玖毫壹絲貳忽伍微解費銀叁錢伍釐玖毫壹絲貳忽伍微水脚銀壹錢伍分貳釐捌毫貳絲伍忽

黃蠟銀壹拾伍兩貳錢伍分鋪墊銀陸錢壹分水脚銀壹錢伍分貳釐伍毫解費銀叁錢伍釐

此項原解丁字庫本色黃蠟伍拾觔叁兩每觔原編價銀貳錢鋪墊銀壹分陸釐於順治拾年陸月內奉

旨除解本色外該折色黃蠟叁拾捌觔貳兩每觔折銀肆錢共銀壹拾伍兩貳錢伍分鋪墊銀陸錢壹分水

脚銀壹錢伍分貳釐伍毫解費銀叁錢伍釐

牛筋銀叁兩貳錢鋪墊銀叁錢貳分水脚銀叁分貳釐解費銀陸分肆釐　此項原解丁字庫本色牛筋貳拾觔每觔原編價銀捌分鋪墊銀壹分陸釐於順治拾年陸月內奉
旨全改折該折色牛筋貳拾觔每觔折銀壹錢陸分共銀叁兩貳錢鋪墊銀叁錢貳分水脚銀叁分貳釐解費銀陸分肆釐

水牛角銀貳拾兩鋪墊銀壹兩肆錢水脚銀貳錢解費銀肆錢　此項原解丁字庫本色水牛角貳拾副每副原編價銀壹錢鋪墊銀柒分於順治拾年陸月內奉
旨全改折該折色水牛角貳拾副每副折銀壹兩共銀貳拾兩鋪墊銀壹兩肆錢水脚銀貳錢解費銀肆錢

黃牛皮銀壹兩陸錢伍分鋪墊銀陸錢水脚銀壹分陸釐伍毫解費銀叁分叁釐 此項原解丁字庫本色黃牛皮柒張半每張原編價銀貳錢貳分鋪墊銀捌分於順治拾年陸月內奉

旨全改折該折色黃牛皮柒張半每張折銀貳錢貳分共銀壹兩陸錢伍分鋪墊銀陸錢水脚銀壹分陸釐伍毫解費銀叁分叁釐

以上戶部自太倉庫麥折銀起至黃牛皮銀止計壹拾貳欵共銀貳百玖拾叁兩叁分捌釐叁絲壹忽貳微伍纖內 正銀貳百柒拾兩伍分玖釐叁毫柒絲伍忽鋪墊銀壹拾肆兩捌錢柒分陸釐捌毫柒絲伍忽水脚銀貳兩柒錢伍毫玖絲叁忽柒微伍纖解費銀伍兩肆錢壹釐壹毫捌絲

柒忽伍微

秋糧折色起運

戶部項下折色銀數

光祿寺米折銀叁百捌拾陸兩壹錢玖分水脚銀叁兩捌錢陸分壹釐玖毫解費銀柒兩柒錢貳分叁釐捌毫此項原額米伍百伍拾壹石柒斗每石折銀柒錢共銀叁百捌拾陸兩壹錢玖分水脚銀叁兩捌錢陸分壹釐玖毫解費銀柒兩柒錢貳分叁釐捌毫

太倉庫米折銀壹千叁百貳拾玖兩肆錢叁分肆釐貳毫肆絲玖忽柒微柒纖貳沙肆塵貳渺水脚銀

壹拾叁兩貳錢玖分肆釐叁毫肆絲貳忽肆微玖纖柒沙柒塵貳渺肆漠解費銀貳拾陸兩伍錢捌分捌釐陸毫捌絲肆忽玖微玖纖伍沙肆塵肆渺捌漠

此項原額米貳千貳百壹拾伍石柒斗貳升叁合柒勺肆抄玖撮陸圭貳粟柒顆毎石折銀陸錢共銀壹千叁百貳拾玖兩肆錢叁分肆釐貳毫肆絲玖忽柒微柒纖貳沙肆塵貳渺水脚銀壹拾叁兩貳錢玖分肆釐叁毫肆絲貳忽肆微玖纖柒沙柒塵貳渺肆漠解費銀貳拾陸兩伍錢捌分捌釐陸毫捌絲肆忽玖微玖纖伍沙肆塵肆渺捌漠

光祿寺改解折色稻穀銀壹拾兩陸錢陸釐捌絲伍忽水脚銀壹錢陸釐陸絲捌微伍纖解費銀貳錢

壹分貳釐壹毫貳絲壹忽柒微此項原解南改解北折色稻穀叁拾石叁斗叁合壹勺准正米壹拾伍石壹斗伍升壹合伍勺伍抄每石折銀柒錢共銀壹拾兩陸錢陸釐捌絲伍忽水脚銀壹錢陸釐陸絲捌微伍纖解費銀貳錢壹分貳釐壹毫貳絲壹忽柒微

京庫草折銀壹千叁兩陸錢貳分水脚銀壹拾兩叁分陸釐貳毫解費銀貳拾兩柒分貳釐肆毫此項原額馬草叁萬叁千肆百伍拾肆包每包折銀叁分共銀壹千叁兩陸錢貳分水脚銀壹拾兩叁分陸釐貳毫解費銀貳拾兩柒分貳釐肆毫

玖釐地畝銀陸千捌百壹拾陸兩肆錢叁分捌釐玖毫伍絲叁忽捌微肆沙叁塵陸渺水脚銀陸拾捌

兩壹錢陸分肆釐叁毫捌絲玖忽伍微叁纖捌沙肆渺叁漠解費銀壹百叁拾陸兩叁錢貳分捌釐柒毫柒絲玖忽柒纖陸沙捌渺陸漠此項全書未載於萬曆末年加添今順治肆年奉

旨照舊徵解

以上戶部自光祿寺米折起至玖釐地畝止計伍欵共銀玖千捌百叁拾貳兩陸錢柒分柒釐玖毫陸絲柒忽貳微叁纖肆沙捌渺壹漠內正銀玖千伍百肆拾陸兩貳錢捌分玖釐貳毫捌絲捌忽伍微柒纖陸沙柒塵捌渺水脚銀玖拾伍兩肆錢陸分貳釐捌毫玖絲貳忽捌微捌纖伍沙柒塵陸渺柒漠解費銀壹百玖拾兩玖錢貳分伍釐柒毫捌絲伍忽柒微柒

纖壹沙伍塵
叁渺肆漠

禮部項下折色

蒼朮銀壹百拾叁兩柒錢伍分水脚拾柒兩肆錢捌分

貳釐柒毫陸絲柒忽伍微解費貳兩貳錢柒分伍釐

此項原額禮部本色蒼朮肆千伍百伍拾觔每觔價銀柒釐共銀叁拾壹兩捌錢伍分水脚銀貳拾貳兩玖錢貳分柒釐陸毫玖絲於萬曆肆拾柒年改折壹千壹百肆拾捌觔每觔價銀貳分伍釐共銀貳拾捌兩柒錢水脚銀貳錢捌分柒釐實徵本色蒼朮叁千肆百貳觔每觔價銀柒釐共銀貳拾叁兩捌錢壹分肆釐實該本色水脚銀壹拾柒兩壹錢玖分伍釐柒毫陸絲柒忽伍微於順治捌年九月内奉

旨全改折該折色蒼朮肆千伍百伍拾觔每觔折銀貳分

伍釐共銀壹百壹拾叁兩柒錢伍分水脚銀壹拾柒兩肆錢捌分貳釐柒毫陸絲柒忽伍微解費銀貳兩貳錢柒分伍釐

以上禮部蒼术壹欵共銀壹百叁拾叁兩伍錢柒釐柒毫陸絲柒忽伍微內正銀壹百壹拾叁兩柒錢伍分水脚銀壹拾柒兩肆錢捌分貳釐柒毫陸絲柒忽伍微解費銀貳兩貳錢柒分伍釐

兵部項下

折色

兵部備用馬價銀壹千伍百玖拾兩水脚銀壹拾伍兩玖錢解費銀叁拾壹兩捌錢此項原額折色馬伍拾叁匹每匹原

編銀貳拾肆兩共銀壹千貳百柒拾貳兩水脚銀壹拾貳兩柒錢貳分於順治貳年陸月內准太僕寺劉　題

准俵馬無論本折每匹徵銀叁拾兩除原編外新折銀叁百壹拾捌兩水脚銀叁兩壹錢捌分原額新折共銀壹千伍百玖拾兩水脚銀壹拾伍兩玖錢解費銀叁拾壹兩捌錢

兵部草料銀叁百兩水脚銀叁兩解費銀陸兩

太僕寺短班醫獸壹名工食銀壹兩貳錢水脚銀陸釐解費銀貳分肆釐

以上兵部自備用馬價起至太僕寺短班醫獸止計叁款共銀壹千玖百肆拾柒兩玖錢叁分內正銀壹千

捌百玖拾壹兩貳錢水脚銀壹拾捌兩玖
錢陸釐解費銀叁拾柒兩捌錢貳分肆釐

工部項下折色

營繕司料價銀叁百伍拾玖兩叁錢柒分叁釐壹毫
貳絲水脚銀叁兩伍錢玖分叁釐柒毫叁絲壹忽
貳微解費銀柒兩壹錢捌分柒釐肆毫陸絲貳忽
肆微

虞衡司料價銀壹百柒拾玖兩陸錢捌分陸釐伍毫
陸絲水脚銀壹兩柒錢玖分陸釐捌毫陸絲伍忽
陸微解費銀叁兩伍錢玖分叁釐柒毫叁絲壹忽

貳微
都水司料價銀叁百壹拾肆兩肆錢伍分壹釐肆毫
捌絲水脚銀叁兩壹錢肆分肆釐伍毫壹絲肆忽
捌微解費銀陸兩貳錢捌分玖釐貳絲玖忽陸微
屯田司料價銀貳百陸拾玖兩伍錢貳分玖釐捌毫
肆絲水脚銀貳兩陸錢玖分伍釐貳毫玖絲捌忽
肆微解費銀伍兩叁錢玖分伍毫玖絲陸忽捌微
營繕司顏料銀叁拾貳兩壹錢叁分伍釐水脚銀叁
錢貳分壹釐叁毫伍絲解費銀陸錢肆分貳釐柒

毫

都水司黃蔴銀肆拾貳兩貳分捌釐壹毫捌絲柒忽伍微水脚銀肆錢貳分貳毫捌絲壹忽捌微柒纖伍沙解費銀捌錢肆分伍毫陸絲叁忽柒微伍纖遇閏加銀壹兩壹錢柒分伍釐捌毫柒絲伍忽

查此項原額河泊所蔴料銀兩於順治拾壹年肆月內准工部頒發欵目冊內開載折色黃蔴壹千捌百貳拾柒觔伍兩每觔折銀貳分叁釐共銀肆拾貳兩貳分捌釐壹毫捌絲柒忽伍微水脚銀肆錢貳分貳毫捌絲壹忽捌微柒纖伍沙解費銀捌錢肆分伍毫陸絲叁忽柒微伍纖遇閏加蔴伍拾壹觔貳兩共銀壹兩壹錢柒分伍釐捌毫柒絲伍忽

都水司白蔴銀貳拾玖兩陸錢柒分貳釐陸毫陸忽
貳微伍纖水脚銀貳錢玖分陸釐柒毫貳絲陸忽
陸纖貳沙伍塵解費銀伍錢玖分叁釐肆毫伍絲
貳忽壹微貳纖伍沙遇閏加銀捌錢柒分玖釐陸
毫叁絲柒忽伍微查此項原額河泊所蔴料銀兩
於順治拾壹年肆月內准工部
頒發款目冊內開載本色白蔴壹千肆百壹拾貳
觔拾伍兩柒錢遇閏加蔴肆拾壹觔拾肆兩貳錢
先於順治拾年陸月內奉
旨除解本色叁分外該折色柒分白蔴玖百捌拾玖觔壹
兩叁錢玖分每觔折銀叁分共銀貳拾玖兩陸錢
柒分貳釐陸毫陸忽貳微伍纖水脚銀貳錢玖分
陸釐柒毫貳絲陸忽陸纖貳沙伍塵解費銀伍錢
玖分叁釐肆毫伍絲貳忽壹微貳纖伍沙遇閏加

蔴貳拾玖觔伍兩壹錢肆分共銀捌
錢柒分玖釐陸毫叁絲柒忽伍微

都水司魚線膠銀肆兩壹錢柒分伍釐伍毫柒絲水
脚銀肆分壹釐柒毫伍絲伍忽柒微解費銀捌分
叁釐伍毫壹絲壹忽肆微遇閏加銀壹錢壹分壹
釐捌毫貳絲伍忽　查此項原額河泊所蔴料銀兩
於順治拾壹年肆月內准工部
頒發欵目冊內開載魚線膠柒拾肆觔玖兩貳分
遇閏加膠壹觔拾伍兩玖錢伍分先於順治拾年
陸月內奉
旨除解本色叁分外該折色柒分魚線膠伍拾貳觔叁兩
壹錢壹分肆釐每觔折銀捌分共銀肆兩壹錢柒
分伍釐伍毫柒絲水脚銀肆分壹釐柒毫伍絲伍
忽柒微解費銀捌分叁釐伍毫壹絲壹忽肆微遇
閏加膠壹觔陸兩叁錢陸分伍釐共銀壹錢壹分

壹釐捌毫
貳絲伍忽

御用監匠役衣糧銀肆拾陸兩肆錢捌分叁釐肆毫

水脚銀肆錢陸分肆釐捌毫叁絲肆忽解費銀玖

錢貳分玖釐陸毫陸絲捌忽遇閏加銀叁兩玖錢

貳分伍釐柒毫伍絲玖忽

查此項原額銀肆拾貳兩肆錢伍分伍釐遇閏

加銀叁兩陸錢叁分玖釐於順治拾壹年肆月內

准工部頒發欵目冊內開載改編前數

以上工部自營繕司料價銀起至御用監匠役衣糧

銀止計玖欵共銀壹千叁百壹拾伍兩捌錢陸分

壹釐捌毫叁絲陸忽陸微陸纖貳沙伍塵遇閏加

銀陸兩玖分叁釐玖絲陸忽伍微內正銀壹千貳百柒拾柒兩伍錢叁分伍釐柒毫陸絲叁忽柒微伍纖水脚銀壹拾貳兩柒錢柒分伍釐叁毫伍絲柒忽陸纖叁纖柒沙伍塵解費銀貳拾伍兩伍錢伍分柒毫壹絲伍忽貳微柒纖伍沙遇閏加銀陸兩玖分叁釐玖絲陸忽伍微

本縣解布政司轉解戶部本色物料數

夏稅本色起運

戶部項下本色

甲丁貳庫原編銀硃等料價銀叁拾兩柒錢伍分玖毫叁絲柒忽伍微鋪墊銀玖兩伍錢貳分陸釐壹

毫貳絲伍忽貼備蒼朮藥材銀硃等料使費銀貳拾捌兩壹錢柒分肆釐肆毫共銀陸拾捌兩肆錢伍分壹釐肆毫陸絲貳忽伍微內該辦解

𢇁字庫

銀硃貳拾捌觔壹兩每觔原編價銀伍錢鋪墊銀壹錢壹分該價銀壹拾肆兩叁分壹釐貳毫伍絲鋪墊銀叁兩捌分陸釐捌毫柒絲伍忽

賸硃貳拾陸觔捌兩每觔原編價銀壹錢玖分鋪墊銀壹錢壹分該價銀伍兩叁分伍釐鋪墊銀貳兩

玖錢壹分伍釐

藤黄玖觔陸兩每觔原編價銀壹錢鋪墊銀壹錢壹分該價銀玖錢叁分柒釐伍毫鋪墊銀壹兩叁分壹釐貳毫伍絲

黑鉛壹百貳拾叁觔拾叁兩每觔原編價銀叁分伍釐鋪墊銀壹分壹釐該價銀肆兩叁錢叁分叁釐肆毫叁絲柒忽伍微鋪墊銀壹兩叁錢陸分壹釐玖毫叁絲柒忽伍微

烏梅叁拾捌觔叁兩每觔原編價銀貳分鋪墊銀壹

分壹釐該價銀柒錢陸分叁釐柒毫伍絲鋪墊銀肆錢貳分陸絲貳忽伍微

丁字庫

紅熟銅叁拾貳觔陸兩每觔原編價銀壹錢鋪墊銀壹分陸釐該價銀叁兩貳錢叁分柒釐伍毫鋪墊銀伍錢壹分捌釐

黃蠟壹拾貳觔壹兩每觔原編價銀貳錢鋪墊銀壹分陸釐該價銀貳兩肆錢壹分貳釐伍毫鋪墊銀壹錢玖分叁釐查甲丁二庫銀硃等項原額銀捌拾陸兩玖錢伍分叁毫壹絲貳忽

伍微鋪墊銀貳拾叁兩捌錢肆釐伍毫柒絲伍忽
內除撥解折色銀伍拾陸兩壹錢玖分玖釐叁毫
柒絲伍忽鋪墊銀壹拾肆兩貳錢柒分捌釐肆毫
伍絲外實存原編價銀叁拾兩柒錢伍分玖毫叁
絲柒忽伍微鋪墊銀玖兩伍錢貳分陸釐壹毫貳
絲伍忽

承運庫

原編江南今改解京本色壹分貳釐絹壹拾貳疋壹
分貳釐每疋原編價銀柒錢該銀捌兩肆錢捌分
肆釐綱司水脚銀柒兩柒錢玖分柒釐陸毫肆絲

以上甲丁承運三庫本色銀硃絲絹等項價值先於
順治玖年拾月內准　戶部咨開已經具　題奉
合各項本色責成布政司每年於一兩月之前確查時值
據實估定申報督撫咨　部查考一面徑行所屬州

縣照估定時價徵銀解交藩司遴委職官領銀採
買物料裝運解部今新奉
俞旨本色顔料各項令各屬自行採辦徑解内部已遵行
該州縣辦解至隨時增價逐年預先報明另編今
將舊編銀數照舊造入其不敷銀兩遵照估定時
價徵解

以上户部本色顔料等項自銀硃起至絲綿止計捌
欽共銀捌拾肆兩柒錢叁分叁釐壹毫貳忽伍微
内
正銀叁拾玖兩貳錢叁分肆釐玖毫叁絲柒忽
伍微鋪墊銀玖兩伍錢貳分陸釐壹毫貳絲伍
忽水脚綱司貼備使費銀叁拾伍兩玖錢柒分貳
釐肆絲

本縣兑運本色漕糧米數

秋糧本色起運

戸部項下本色

正兌漕米壹萬壹千伍百肆拾石每石加耗肆斗該耗米肆千陸百壹拾陸石共正耗米壹萬陸千壹百伍拾陸石

改兌漕米叁千貳百柒拾石每石加耗叁斗該耗米玖百捌拾壹石共正耗米肆千貳百伍拾壹石

本縣支給運官蓆木銀數

本色叁分蘆蓆銀貳拾貳兩貳錢壹分伍釐

本色叁分楞木松板銀柒兩玖錢陸分貳釐陸毫

以上本色蘆蓆板木貳款共銀叁拾兩壹錢柒分柒釐陸毫此貳項已載入後款總內

本縣解淮安府漕河貳庫輕齎河工銀數

貳陸輕齎米銀壹百壹拾壹兩壹錢陸分伍釐水脚解費銀叁兩叁錢叁分肆釐玖毫伍絲查此項原額銀壹千叁百伍拾貳兩壹錢水脚解費銀肆拾兩伍錢陸分叁釐內撥出舊額河工銀壹百壹拾伍兩肆錢水脚解費銀叁兩肆錢陸分貳釐又撥出改派河工車盤銀壹千壹百貳拾伍兩伍錢叁分伍釐水脚解費銀叁拾叁兩柒錢陸分陸釐伍絲除撥出外實編前數徵解

隨糧壹升蘆蓆米銀伍拾壹兩捌錢叁分伍釐解費

銀壹兩叁分陸釐柒毫查此項原額銀柒拾肆兩伍分内撥出本色叁分銀貳拾貳兩貳錢壹分伍釐給發運官辦解實編前數

椤木松板銀壹拾捌兩伍錢柒分玖釐肆毫解費銀叁錢柒分壹釐伍毫捌絲捌忽查此項原額銀貳拾陸兩伍錢肆分貳釐内撥出本色叁分銀柒兩玖錢陸分貳釐陸毫給發運官辦解實編前數

正改兊壹分篔纜銀壹百肆拾捌兩壹錢水脚銀壹兩肆錢捌分壹釐耗費銀貳兩玖錢陸分貳釐

改兊項下貳升變易米銀叁拾貳兩柒錢解費銀陸錢伍分肆釐

陞升過江米銀伍百叁拾叁兩壹錢陸分以上徵解淮安府漕
庫
舊額河工銀壹百壹拾伍兩肆錢水脚解費銀叁兩
肆錢陸分貳釐
輕齎改派河工車盤銀壹千壹百貳拾伍兩伍錢叁
分伍釐水脚解費銀叁拾叁兩柒錢陸分陸釐伍
絲查此貳項原係輕齎撥出另解
溜夫工食銀壹百肆拾捌兩壹錢水脚解費銀肆兩
肆錢肆分叁釐以上徵解淮安府河庫

以上隨漕輕齎河工等項自本色蘆蓆起至溜夫工食止計拾壹款共銀貳千叁百陸拾陸兩貳錢陸分叁釐貳毫捌絲捌忽內正銀貳千叁百壹拾肆兩柒錢伍分貳釐水脚解費銀伍拾壹兩伍錢壹分壹釐貳毫捌絲捌忽

工部項下本色

都水司本色白蔴肆百貳拾叁觔拾肆兩叁錢壹分共銀壹拾貳兩柒錢壹分陸釐捌毫叁絲壹忽貳微伍纖遇閏加蔴壹拾貳觔玖兩陸分價銀叁錢柒分陸釐玖毫捌絲柒忽伍微查此項准部頒本色白麻壹千肆百

壹拾貳觔拾伍兩柒錢遇閏加蔴肆拾壹觔拾肆
兩貳錢於順治拾年陸月內奉
旨除改解柒分折色外該本色叁分白蔴肆百貳拾叁觔
拾肆兩叁錢壹分每觔原編價銀叁分共銀壹拾
貳兩柒錢壹分陸釐捌毫叁絲壹忽貳微伍纖遇
閏加蔴壹拾貳觔玖兩陸分共銀叁錢柒分陸釐
玖毫捌絲
柒忽伍微

都水司本色魚線膠貳拾貳觔伍兩玖錢陸釐共銀
壹兩柒錢捌分玖釐伍毫叁絲遇閏加膠玖兩伍
錢捌分伍釐該銀肆分柒釐玖毫貳絲伍忽　查此項准
部頒本色魚線膠柒拾肆觔玖兩貳分遇閏加膠
壹觔拾伍兩玖錢伍分於順治拾年陸月內奉
旨除改解柒分折色外該本色叁分魚線膠貳拾貳觔伍
兩玖錢陸釐每觔原編價銀捌分共銀壹兩柒錢

捌分玖釐伍毫叁絲遇閏加膠玖兩伍錢捌分伍釐該銀肆分柒釐玖毫貳絲伍忽

查此貳項并前款折色黃白蔴魚線膠全書原載河泊所蔴料銀捌拾捌兩叁錢捌分捌釐陸毫遇閏加銀柒兩壹錢壹釐肆毫捌絲於順治拾壹年陸月內准工部咨開覆查冊內開載錢糧項款數目比本部印冊皆多寡參差不一從來錢糧有一定之規似此額數不符完欠最難稽核題

請自拾壹年爲始將本折錢糧項款數目逐一開列頒發該省照數徵解永爲定例遵行在案今將前銀內除撥解折色銀柒拾叁兩捌錢捌分貳釐貳毫叁絲捌忽柒微伍纖遇閏加銀陸兩陸錢柒分陸釐伍毫陸絲柒忽伍微實存原編價銀壹拾肆兩伍錢陸釐叁毫陸絲壹忽貳微伍纖遇閏加銀肆錢貳分肆釐玖毫壹絲貳忽伍微再查以上本色白蔴魚線膠貳項先於順治玖年拾月內准戶部咨開已經具　題奉

旨各項本色責成布政司每年於壹兩月之前確查時值

據實估定申報督撫咨部查核一面徑行所屬州縣照估定時價徵銀解交藩司遴委職官領銀採買物料裝運解部今新奉
俞旨本色顏料各款令各屬自行採辦徑解內部已遵行該州縣辦解至隨時增價逐年預先報明另編令將舊編銀數照舊造入其不敷銀兩遵照估定時價辦
解
以上工部都水司本色白蔴魚線膠貳款共銀壹拾肆兩伍錢陸釐叁毫陸絲壹忽貳微伍纖遇閏加銀肆錢貳分肆釐玖毫壹絲貳忽伍微
本縣解省倉轉給省城兵馬糧料本色米豆數
原解南光祿寺今改解江寧倉本色黑豆壹百貳拾

石柒斗伍升每石加耗伍斗伍升船錢貳升盤用伍升共豆陸斗貳升該耗豆柒拾肆石捌斗陸升伍合共正耗豆壹百玖拾伍石陸斗壹升伍合綱司水脚銀貳拾肆兩壹錢伍分查此項原解南光祿寺正麥捌拾石伍斗每石加耗伍斗伍升船錢貳升盤用伍升共陸斗貳升該耗麥肆拾玖石玖斗壹升共正耗麥壹百叁拾石肆斗壹升每石折銀肆錢共銀伍拾貳兩壹錢陸分肆釐收買本色上納該寺綱司水脚銀貳拾肆兩壹錢伍分於順治柒年拾壹月初玖日准總督戶部咨明內部每麥壹石易豆壹石伍斗改編前數綱司水脚銀改充本省兵餉其原編價值摘出不入編派

原解南光祿寺改解江寧倉本色黃豆陸拾伍石捌

斗叁升稻穀陸拾玖石陸斗玖升陸合玖勺准正米叁拾肆石捌斗肆升捌合肆勺伍抄共准正米豆壹百石陸斗柒升捌合肆勺伍抄每石加耗貳斗船錢叁升盤用伍升共貳斗捌升該耗米豆貳拾捌石壹斗捌升玖合玖勺陸抄陸撮共正耗米豆壹百貳拾捌石捌斗陸升捌合肆勺壹抄陸撮

綱司水脚銀叁拾壹兩貳錢叁釐伍毫叁絲其綱司水脚銀改充本省兵餉

原解南神宮監改解江寧倉本色白熟糯米陸石准

糙粳正米陸石陸斗糙粳正米貳拾壹石黃豆肆拾叁石稻穀伍拾肆石准正米貳拾柒石共准正米豆玖拾柒石陸斗每石加耗貳斗船錢叁升盤用伍升共貳斗捌升該耗米豆貳拾柒石叁斗貳升捌合共正耗米豆壹百貳拾肆石玖斗貳升捌合綱司水脚銀肆拾叁兩玖錢貳分其綱司水脚銀改充本省兵餉

原解長安左等肆門倉改解江寧倉本色正米陸百伍拾壹石貳斗陸升每石加耗貳斗船錢叁升盤

用伍升共貳斗捌升該耗米壹百捌拾貳石叁斗

伍升貳合捌勺共正耗米捌百叁拾叁石陸斗壹

升貳合捌勺水脚門籌銀伍拾伍兩叁錢伍分柒

釐壹毫其水脚門籌銀改充本省兵餉

原解南各衛倉改解江寧倉本色無耗黒豆貳百叁

石柒斗肆合水脚耗費銀壹兩陸錢貳分柒釐陸

毫叁絲貳忽其水脚耗費銀改充本省兵餉

原解南各衛倉水兌平米壹千肆百壹拾捌石柒斗

陸升每石加耗貳斗船錢叁升盤用伍升共貳斗

捌升該耗米叁百玖拾柒石貳斗伍升貳合捌勺

共正耗米壹千捌百壹拾陸石壹升貳合捌勺此項

正耗米石坐派本省各衛官丁行月貳糧

以上留充本省駐防兵馬糧料本色米豆自光祿寺

黑豆起至水兌米止計陸欵共米豆叁千叁百貳

石柒斗肆升壹合壹抄陸撮綱司水脚門籌銀壹

百伍拾陸兩貳錢伍分捌釐貳毫陸絲貳忽內正米

豆貳千伍百玖拾貳石柒斗伍升貳合肆勺伍抄耗米豆柒百玖石玖斗捌升捌合伍勺陸抄陸撮綱司水脚門籌銀壹百伍拾陸兩貳錢伍分捌釐貳毫陸絲貳忽改充本省兵餉支用

本縣存留本色米數

養濟院孤貧捌拾名口每名口給本色米叁石陸斗

共米貳百捌拾捌石遇閏加米貳拾肆石

本縣解布政司留充本省兵餉等項支用銀數

稅糧起運

戶屬項下改充南餉

原解南各衛倉改解江南布政司麥折銀肆百伍拾

捌兩玖錢叁分陸釐水脚銀壹拾兩壹錢柒分捌

釐陸毫捌絲解費銀玖兩壹錢柒分捌釐柒毫貳

絲　此項原解南戶部各衛倉折色麥壹千壹百肆拾柒石叁斗肆升每石折銀肆錢共銀肆百伍拾捌兩玖錢叁分陸釐水脚銀壹拾兩壹錢柒分捌釐陸毫捌絲解費銀玖兩壹錢柒分捌釐柒毫貳絲

庫絲折色捌分捌釐絹捌拾捌疋捌分捌釐每疋折銀柒錢共折銀陸拾貳兩貳錢壹分陸釐水脚銀陸錢貳分貳釐壹毫陸絲解費銀壹兩貳錢肆分肆釐叁毫貳絲　此項原額庫絲絹壹百壹疋每疋折銀柒錢共銀柒拾兩柒錢內本色壹分貳釐改解北部撥出銀捌兩肆錢捌分肆釐綱司水脚銀柒兩柒錢玖分柒釐陸毫肆絲實徵銀陸拾貳兩貳錢壹分陸釐水脚銀陸錢貳分貳釐壹毫陸絲解費銀壹兩貳錢肆分肆釐叁毫

貳絲

原解戶部定塲草改解布政司草折銀壹百壹拾陸兩捌錢柒分肆釐水脚銀貳兩叁錢叁分柒釐叁毫柒絲解費銀貳兩叁錢叁分柒釐肆毫捌絲此項原額戶部定塲草陸千肆百玖拾叁包每包折銀壹分捌釐共銀壹百壹拾陸兩捌錢柒分肆釐水脚銀貳兩叁錢叁分柒釐叁毫柒絲解費銀貳兩叁錢叁分柒釐肆毫捌絲

原解淮安府改解布政司米折銀肆百壹拾貳兩伍錢水脚解費銀壹拾貳兩叁錢柒分伍釐此項原額協濟淮安府米捌百貳拾伍石每石折銀伍錢共銀肆百壹拾貳兩伍錢水脚銀壹拾貳兩叁錢柒分伍

釐查得此項米折銀兩奉
部文准留本縣供應支用

均徭起運

戶屬項下改充南餉

房屋鈔銀貳兩伍錢壹釐陸毫壹絲叁忽解費銀伍

分叁絲貳忽貳微陸纖

酒醋鈔銀貳兩伍錢壹釐陸毫壹絲叁忽解費銀伍

分叁絲貳忽貳微陸纖

廣惠庫銅錢壹萬陸千陸百柒拾陸文解費錢叁百

叁拾叁文

上司謁陵辭陵銀伍拾肆兩解費銀壹兩捌分

肆門倉脚夫銀貳拾壹兩陸錢水脚銀壹錢捌釐解費銀肆錢叁分貳釐

光禄寺醫獸銀貳兩水脚銀貳分解費銀肆分

糧長勘合銀伍兩貳錢肆分解費銀壹錢肆釐捌毫

鹽倉庫秤銀壹拾貳兩水脚銀陸分解費銀貳錢肆分

鰣魚廠船網什物工食等銀壹百肆拾伍兩捌錢叁分伍釐玖絲解費銀貳兩玖錢壹分陸釐柒毫壹

忽捌微

玖庫食鹽銀柒拾貳兩解費銀壹兩肆錢肆分此項係本府塩糧銀內撥出起解

塡寫勘合書手銀貳兩解費銀肆分

酒醋局醫獸銀貳兩水脚銀壹分解費銀肆分

內外守備裱背匠聽事吏銀壹拾柒兩貳錢解費銀叁錢肆分肆釐

國子監椒油醋銀柒拾兩解費銀壹兩肆錢此項係本府塩糧銀內撥出起解

禮屬項下改充南餉

清明等節祭祀銀伍兩陸分解費銀壹錢壹釐貳毫

浡泥國王祭祀銀貳兩解費銀肆分

慶賀表紙銀壹拾壹兩壹錢陸分解費銀貳錢貳分

叁釐貳毫

國子監囍糠稻皮銀伍兩解費銀壹錢

醫生藥餌銀肆兩捌錢解費銀玖分陸釐

國子監祭祀紙劄石灰稻草銀肆兩貳分捌釐解費

銀捌分伍毫陸絲

欽天監燈油木炭銀壹拾壹兩肆錢叁分解費銀貳
錢貳分捌釐陸毫
監生賑濟銀柒兩貳錢解費銀壹錢肆分肆釐
東宮箋文銀肆兩壹錢肆分解費銀捌分貳釐捌毫
書櫃銀貳兩陸錢伍釐解費銀伍分貳釐壹毫
兵屬項下　改充南餉
各道門皂銀玖拾伍兩肆錢水脚銀伍分柒釐陸毫
解費銀壹兩玖錢捌釐
大勝關弓兵銀伍拾玖兩伍錢水脚銀伍錢玖分伍

釐解費銀壹兩壹錢玖分

京畿道家伙銀捌錢叁分叁釐叁毫叁絲肆忽解費銀壹分陸釐陸毫陸絲陸忽陸微捌纖

太僕寺門子銀肆兩解費銀捌分

操院掛號吏銀柒兩貳錢解費銀壹錢肆分肆釐

犒勞牛羊果酒銀壹拾貳兩解費銀貳錢肆分

總督部院聽事官吏銀肆拾叁兩貳錢解費銀捌錢陸分肆釐

陸科皂隸銀叁百貳兩肆錢解費銀陸兩肆分捌釐

通政司舖兵銀叁拾玖兩水脚銀壹錢玖分伍釐解
費銀柒錢捌分
京畿道門皂銀壹拾捌兩解費銀叁錢陸分
兵部分司門子銀柒兩貳錢解費銀壹錢肆分肆釐
工屬項下改充南餉
太常寺豆稭銀貳兩解費銀肆分
山川社稷等壇夫銀壹拾陸兩肆錢解費銀叁錢貳
分捌釐
社稷壇祭祀銀叁拾伍兩解費銀柒錢

薦新子鵞銀肆拾陸兩肆錢叁分伍釐解費銀玖錢貳分捌釐柒毫

嫩薑銀伍兩解費銀壹錢

箕帚銀伍錢柒分柒釐解費銀壹分壹釐伍毫肆絲

懿文陵茗帚糊窓紙清明柴價銀柒兩叁錢壹釐解費銀壹錢肆分陸釐貳絲

功臣廟祭祀銀壹拾叁兩玖錢肆分柒釐解費銀貳錢柒分捌釐玖毫肆絲

龍袍撌夫銀柒拾貳兩解費銀壹兩肆錢肆分

車水冰夫銀柒拾兩解費銀壹兩肆錢

國子監刷印匠銀貳拾捌兩捌錢解費銀伍錢柒分陸釐

以上留充本省兵餉自各衛倉麥折銀起至國子監刷印匠銀止計伍拾款共銀貳千肆百捌拾陸兩叁錢玖分捌釐捌毫柒絲叁忽內正銀貳千肆百壹拾玖兩陸錢玖分陸釐陸毫伍絲水腳銀壹拾肆兩壹錢捌分叁釐捌毫壹絲解費銀伍拾貳兩伍錢壹分捌釐肆毫壹絲叁忽

本縣解給驛協濟銀數

驛站

龍江遞運所座船水夫貳拾肆名每名銀柒兩貳錢

外修船銀貳拾肆兩共銀壹百玖拾陸兩捌錢遇

閏加銀壹拾肆兩肆錢

紅座船水夫捌名每名銀柒兩貳錢共銀伍拾柒兩

陸錢遇閏加銀肆兩捌錢

接遞水夫伍拾捌名每名銀柒兩貳錢共銀肆百壹

拾柒兩陸錢遇閏加銀叁拾肆兩捌錢

金陵驛馬價銀肆拾貳兩又撥光祿寺芝麻折油銀

壹拾捌兩肆錢捌分原額并撥抵共銀陸拾兩肆

錢捌分遇閏加銀伍兩肆分

江東驛上馬壹匹銀肆拾貳兩驢貳頭每頭銀貳拾

壹兩又歸併龍江水馬驛中馬壹匹銀叁拾捌兩

驢伍頭每頭銀貳拾壹兩通共銀貳百貳拾柒兩

遇閏加銀壹拾捌兩玖錢壹分陸釐陸毫陸絲

龍江水馬驛站船水夫貳名每名銀柒兩貳錢共銀

壹拾肆兩肆錢遇閏加銀壹兩貳錢

龍江水馬驛支應銀壹拾肆兩伍錢柒分貳釐遇閏

加銀壹兩貳錢壹分肆釐叁毫叁絲

江淮驛支應銀壹拾肆兩貳錢叁分遇閏加銀壹兩壹錢捌分伍釐捌毫叁絲

大勝驛站船水夫叁拾陸名每名銀柒兩貳錢共銀貳百伍拾玖兩貳錢遇閏加銀貳拾壹兩陸錢

大勝驛支應銀貳拾兩遇閏加銀壹兩陸錢陸分陸釐陸毫陸絲

江寧驛馬驢羸弁支應銀肆百捌拾貳兩陸錢伍分肆釐又操馬等項改編銀叁百貳拾貳兩肆錢叁

分壹釐貳毫又抵給　浙省馬價銀貳拾壹兩陸錢
叁項共銀捌百貳拾陸兩陸錢捌分伍釐貳毫遇
閏加銀陸拾捌兩捌錢玖分肆毫肆絲

龍潭驛額編中馬壹匹該銀叁拾捌兩又奉
前撫院撥補鄉飲酒席等項銀貳百貳拾柒兩貳
錢玖分貳釐伍絲又奉　部文准撥給抵兌浙省
馬價銀陸拾伍兩叁錢貳分共銀叁百叁拾兩陸
錢壹分貳釐伍絲遇　閏加銀貳拾柒兩伍錢伍分
壹釐

棠邑驛中馬壹匹銀叁拾捌兩遇閏加銀叁兩壹錢

陸分陸釐陸毫陸絲

大勝驛庫斗各壹名每名銀柒兩貳錢共銀壹拾肆

兩肆錢内裁庫子壹名銀柒兩貳錢抵給覊候所

更夫工食遇閏加銀壹兩貳錢

江寧驛庫斗各壹名每名銀柒兩貳錢共銀壹拾肆

兩肆錢内裁庫子壹名銀柒兩貳錢抵給覊候所

更夫工食遇閏加銀壹兩貳錢

江淮驛奉總督部院馬　題准　部覆撥給抵兌浙

省馬價銀貳百陸拾貳兩

又遇閏加銀貳拾壹兩捌錢叁分叁釐叁毫叁絲

以上驛站自龍江遞運所座船水夫起至江淮驛馬價止計壹拾陸欵共銀貳千柒百陸拾柒兩玖錢柒分玖釐貳毫伍絲遇閏加銀貳百貳拾捌兩陸錢陸分肆釐玖毫叁絲

本縣解操撫兵餉銀數

操撫兵餉項下

操院兵餉銀壹百兩協餉銀柒拾兩解費銀叁兩肆

錢遇閏加銀貳拾壹兩叁錢叁分叁釐肆毫

以上操撫兵餉壹款共銀壹百柒拾叁兩肆錢遇閏加銀貳拾壹兩叁錢叁分叁釐肆毫內正銀壹百柒拾兩解費銀叁兩肆錢遇閏加銀貳拾壹兩叁錢叁分叁釐肆毫

本縣解各衙門折色銀數

均徭

撫院項下供應改編册房寫本吏銀陸兩貳錢解費銀壹錢貳分肆釐此項銀兩准部駁全書簽開撫院巳有額泒書吏廩給銀兩何得又設此欵寫本吏銀應裁解部充餉

撫院項下軍器廩糧等項除抵經費外餘銀貳拾玖
兩此項銀兩全裁改解戶部
按院廩給監生廩糧副本等銀貳拾兩水脚銀捌分
新增心紅銀肆兩解費銀肆錢捌分照額解院停差解部充餉
邳州供應銀叁兩捌錢壹分捌釐水脚盤費銀壹兩
貳錢
學院修理銀貳拾兩此項順治玖年肆月會議全裁充餉今撥抵江淮驛抵充浙省馬價
蘇松學院供應銀叁兩伍錢

江南供應機房線價銀肆拾兩解費銀捌錢

江南供應機房下程銀陸拾肆兩陸錢解費銀壹兩
貳錢玖分貳釐

江南供應機房柴夫脚價銀肆拾陸兩陸分叁釐捌
毫玖絲解費銀玖錢貳分壹釐貳毫柒絲柒忽捌
微

江南供應機房食米脚價銀肆拾柒兩柒錢解費銀
玖錢伍分肆釐

江南布政司曆日銀壹兩玖錢貳分水脚銀叁分捌

釐肆毫

江南布政司曆日板銀壹兩伍錢解費銀叁分

江南布政司朝

覲路費紙張叁年共銀壹拾伍兩每年徵銀伍兩

江南按察司朝

覲路費紙張叁年共銀壹兩伍錢每年徵銀伍錢

以上解各衙門自撫院寫本吏銀起至江南按察司

朝　覲銀止計壹拾肆欵共銀貳百玖拾玖兩柒

錢貳分壹釐伍毫陸絲柒忽捌微內於順治玖年

訂正全書議將撫院除抵經費外餘銀貳拾玖

兩全裁改解　戶部充餉又將學院修理銀貳

拾兩撥給江淮驛抵兌浙省馬價以上壹項已入

前驛站欵內又准部駁應裁撫院寫本吏銀陸兩

叁錢貳分肆厘應裁按院項下監生廪糧副本等

銀貳拾肆兩伍錢陸分附後裁省數內解部充餉

實解各衙門銀貳百壹拾玖兩捌錢叁分柒厘伍毫

陸絲柒忽捌微

本縣解給府縣各員俸薪衙役工食銀數

本府知府員下分派本縣

修宅家伙銀壹拾陸兩肆分陸厘於順治拾貳年肆月內全裁改解部

桌圍傘扇銀捌兩柒錢伍分於順治拾貳年肆月內奉文先裁銀捌兩續於順治拾叁年玖月內部議又裁銀柒錢伍分俱改解戶部

獄卒壹名銀陸兩遇閏加銀伍錢經制原編銀柒兩貳錢今裁銀壹兩貳錢改解戶部

本府同知員下分派本縣

俸銀壹百貳拾伍兩叁錢柒分捌厘陸毫叁絲遇閏

加銀壹拾兩肆錢肆分捌厘貳毫貳絲

燈夫肆名每名銀陸兩共銀貳拾肆兩遇閏加銀貳兩經制原每名銀柒兩貳錢今每名裁銀壹兩貳錢共裁銀肆兩捌錢改解戶部

轎傘扇夫柒名每名銀陸兩共銀肆拾貳兩遇閏加銀叁兩伍錢經制原每名銀柒兩貳錢今每名裁銀壹兩貳錢共裁銀捌兩肆錢改解戶部

本府通判員下分派本縣

俸銀壹拾肆兩貳分貳氂肆絲遇閏加銀壹兩壹錢陸分捌氂伍毫經制原編俸銀捌拾肆兩玖錢肆分貳氂肆絲內於順治柒年柒月內奉文裁汰通判俸銀柒拾兩玖錢貳分准部文內湊給龍潭驛抵兌浙省馬價銀肆拾玖兩叄錢

貳分又撥給江寧驛抵兌浙
省馬價銀貳拾壹兩陸錢

本府儒學教官員下分派本縣

俸銀肆拾柒兩貳錢捌分遇閏加銀叁兩玖錢肆分
經制原編壹員半每員俸銀壹拾玖兩伍錢貳分
於順治拾叁年玖月內准部覆　題定將每員原
編薪銀壹拾貳兩添入
俸銀支給以足前數

本府儒學廩生膳夫壹名銀貳拾兩遇閏加銀壹兩
陸錢陸分陸釐陸毫陸絲查此項案准戶部咨開
拾兩經費開載甚明此指縣學廩生貳拾名爲言膳夫每學貳名共銀肆
也如州廩叁拾名應支銀陸拾兩府廩肆拾名應
支銀捌拾兩自當按數遞增載入全書至於教官
從無支膳銀之例難以准從等因在案查本縣分

派府廩拾名每名銀貳兩共銀
貳拾兩相應註明照數支給

本縣知縣員下照經費新編

俸銀肆拾伍兩遇閏加銀叁兩柒錢伍分　經制原編俸銀貳拾柒兩肆錢玖分於順治拾叁年玖月內准部覆題定將薪銀壹拾柒兩伍錢壹分添入俸內以足前數

薪銀壹拾捌兩肆錢玖分　經制原編薪銀叁拾陸兩准部議撥銀壹拾柒兩伍錢壹分添入俸內支給餘銀壹拾捌兩肆錢玖分改解戸部充餉

心紅紙張銀貳拾兩遇閏加銀壹兩陸錢陸分陸釐陸毫柒絲　經制原編心紅紙張油燭銀叁拾兩於順治拾叁年玖月內准部覆題定將油燭銀壹拾兩改解戸部

修宅家伙銀貳拾兩於順治玖年肆月會議全裁今准部咨撥給江淮東葛貳驛抵兊浙省馬價

迎送上司傘扇銀壹拾兩先於順治拾貳年肆月內裁銀捌兩續於順治拾叁年玖月內准部議又裁銀貳兩俱解戶部充餉

吏書拾貳名每名銀陸兩共銀柒拾貳兩遇閏加銀陸兩經制原每名銀壹拾兩捌錢今每名裁銀肆兩捌錢共銀伍拾柒兩陸錢准部文撥給江淮東葛貳驛抵兊浙省馬價

門子貳名每名銀陸兩共銀壹拾貳兩遇閏加銀壹兩經制原每名銀柒兩貳錢今每名裁銀壹兩貳錢共裁銀貳兩肆錢准部文撥給江淮東葛貳

驛抵兌浙
省馬價
皂隸拾陸名每名銀陸兩共銀玖拾陸兩遇閏加銀
捌兩經制原每名銀柒兩貳錢今每名裁銀壹兩
貳錢共裁銀壹拾玖兩貳錢准部文撥給江
淮東葛貳驛抵
兌浙省馬價
馬快捌名每名工食草料銀壹拾陸兩捌錢共銀壹
百叁拾肆兩肆錢遇閏加銀壹拾壹兩貳錢經制
原每
名工食并草料銀壹拾捌兩案准總督部院馬
咨准戶部咨開每名歲支草料銀壹拾兩捌錢工
食銀柒兩貳錢今每名止裁工食銀壹兩貳錢共
裁銀玖兩陸錢准部文撥給江淮東葛貳驛抵兌
浙省
馬價

民壯伍拾名每名銀陸兩共銀叁百兩遇閏加銀貳拾伍兩　經制原每名銀柒兩貳錢今每名裁銀壹兩貳錢共裁銀陸拾兩淮部文撥給江淮東葛貳驛抵兌浙省馬價

燈夫肆名每名銀陸兩共銀貳拾肆兩遇閏加銀貳兩　經制原每名銀柒兩貳錢今每名裁銀壹兩貳錢共裁銀肆兩捌錢淮部文撥給江淮東葛貳驛抵兌浙省馬價

看監獄卒捌名每名銀陸兩共銀肆拾捌兩遇閏加銀肆兩　經制原每名銀柒兩貳錢今每名裁銀壹兩貳錢共裁銀玖兩陸錢淮部文撥給江淮東葛貳驛抵兌浙省馬價

修理倉監銀貳拾兩

轎傘扇夫柒名每名銀陸兩共銀肆拾貳兩遇閏加

銀叁兩伍錢經制原每名銀柒兩貳錢今每名裁銀壹兩貳錢共裁銀捌兩肆錢准部文撥給江淮東葛貳驛抵充浙省馬價

庫書壹名銀陸兩遇閏加銀伍錢經制原編銀壹拾貳兩今裁銀陸兩准部文撥給江淮東葛貳驛抵充浙省馬價

倉書壹名銀陸兩遇閏加銀伍錢經制原編銀壹拾貳兩今裁銀陸兩准部文撥給江淮東葛貳驛抵充浙省馬價

庫子肆名每名銀陸兩共銀貳拾肆兩遇閏加銀貳

兩經制原每名銀柒兩貳錢今每名裁銀壹兩貳
錢共裁銀肆兩捌錢准部文撥給江淮東葛貳
驛抵充浙
省馬價

斗級肆名每名銀陸兩共銀貳拾肆兩遇閏加銀貳
兩經制原每名銀柒兩貳錢今每名裁銀壹兩貳
錢共裁銀肆兩捌錢准部文撥給江淮東葛貳
驛抵充浙
省馬價

本縣縣丞貳員下照經費新編

俸銀每員各肆拾兩共銀捌拾兩遇閏加銀陸兩陸
錢陸分陸釐陸毫柒絲經制原編每員俸銀貳拾
肆兩貳錢貳釐於順治拾
叁年玖月內准部覆題定將薪銀壹拾伍
兩柒錢玖分捌釐添入俸銀支給以足前數

薪銀壹拾陸兩肆錢肆釐經制原編每員薪銀貳拾肆兩內准部文各撥銀壹拾伍兩柒錢玖分捌釐添入俸銀支給餘銀壹拾陸兩肆錢肆釐改解戸部

書辦各壹名每名銀陸兩共銀壹拾貳兩遇閏加銀壹兩經制原每名銀柒兩貳錢今每名裁銀壹兩貳錢共裁銀貳兩肆錢准部文撥給江淮東葛貳驛抵充浙省馬價

門子各壹名每名銀陸兩共銀壹拾貳兩遇閏加銀壹兩經制原每名銀柒兩貳錢今每名裁銀壹兩貳錢共裁銀貳兩肆錢准部文撥給江淮東葛貳驛抵充浙省馬價

皂隸各肆名每名銀陸兩共銀肆拾捌兩遇閏加銀

肆兩經制原每名銀柒兩貳錢今每名裁銀壹兩貳錢共裁銀玖兩陸錢准部文撥給江淮東葛貳驛抵充

浙省馬價

馬夫各壹名每名銀陸兩共銀壹拾貳兩遇閏加銀壹兩經制原每名銀柒兩貳錢今每名裁銀壹兩貳錢共裁銀貳兩肆錢准部文撥給江淮東葛貳驛抵充

浙省馬價

本縣典史員下照經費新編

俸銀叁拾壹兩伍錢貳分遇閏加銀貳兩陸錢貳分陸釐陸毫陸絲經制原編俸銀壹拾玖兩伍錢貳分於順治拾叁年玖月內准部覆題定將薪銀壹拾貳兩添入俸銀以足前數

書辦壹名銀陸兩遇閏加銀伍錢經制原編銀柒兩貳錢今裁銀壹兩貳錢准部文撥給江淮東葛貳驛抵兖浙省馬價

門子壹名銀陸兩遇閏加銀伍錢經制原編銀柒兩貳錢今裁銀壹兩貳錢准部文撥給江淮東葛貳驛抵兖浙省馬價

皂隸肆名每名銀陸兩共銀貳拾肆兩遇閏加銀貳兩經制原每名銀柒兩貳錢今每名裁銀壹兩貳錢共裁銀肆兩捌錢准部文撥給江淮東葛貳驛抵兖浙省馬價

馬夫壹名銀陸兩遇閏加銀伍錢經制原編銀柒兩貳錢今裁銀壹兩貳錢准部文撥給江淮東葛貳驛抵兖浙省馬價

江寧驛驛丞員下照經費新編

俸銀叁拾壹兩伍錢貳分遇閏加銀貳兩陸錢貳分陸釐陸毫陸絲 經制原編俸銀壹拾玖兩伍錢貳分於順治拾叁年玖月內准部覆題定將薪銀壹拾貳兩添入俸銀支給以足前數

書辦壹名銀陸兩遇閏加銀伍錢 經制原編銀柒兩貳錢今裁銀壹兩貳錢准部文撥給江淮東葛貳驛抵兖浙省馬價

皂隸貳名每名銀陸兩共銀壹拾貳兩遇閏加銀壹兩 經制原編每名銀柒兩貳錢今每名裁銀壹兩貳錢共裁銀貳兩肆錢准部文撥給江淮東葛貳驛抵兖浙省馬價

本縣儒學教諭壹員訓導壹員照經費新編

俸銀每員各叁拾壹兩伍錢貳分共銀陸拾叁兩肆

分遇閏加銀伍兩貳錢伍分叁釐叁毫叁絲經制原編

每員俸銀壹拾玖兩伍錢貳分於順治拾叁年玖

月內准部覆

題定將薪銀壹拾貳兩添入

俸銀支給以足前數

齋夫陸名每名銀壹拾貳兩共銀柒拾貳兩遇閏加

銀陸兩

門子伍名每名銀柒兩貳錢共銀叁拾陸兩遇閏加

銀叁兩

學書壹名銀柒兩貳錢遇閏加銀陸錢

教官貳員喂馬草料銀各壹拾貳兩共銀貳拾肆兩

遇閏加銀貳兩

本縣廪生膳夫貳名每名銀貳拾兩共銀肆拾兩遇閏加銀叁兩叁錢叁分叁釐叁毫叁絲查此項案准戶部咨開每學膳夫貳名共銀肆拾兩經費錄內開載甚明此指縣學廪生貳拾名為言也如州廪叁拾名應支銀陸拾兩府廪肆拾名應支銀捌拾兩自當按數遞增載入全書至於教官從無支膳銀之例難以准從等因在案查縣學貳拾名每名銀貳兩共銀肆拾兩相應詳明照數支給

以上自知府修宅家伙銀起至本縣廪生膳夫銀止

計肆拾柒款共銀貳千捌拾捌兩叁錢柒分陸毫
柒絲内於順治柒年柒月内准部議裁通判俸銀
柒拾兩玖錢貳分又於順治玖年肆月内會議裁
扣府縣工食并本縣修理銀貳百伍拾陸兩肆錢
又於順治拾貳年肆月議裁府縣修宅家伙桌圍
傘扇等銀叁拾貳兩肆分陸釐又於順治拾叁年
玖月内准部議
題定照滿官對品支俸應裁本府桌圍傘扇并知縣縣
丞薪銀油燭等銀肆拾柒兩陸錢肆分肆釐以上

肆次共裁銀肆百柒兩壹分內爲調劑驛困永除
民艱事於順治拾年閏陸月內准戶部咨開江南
總督馬　題部覆於順治拾年陸月初壹日奉
旨依議欽遵在案准撥給江寧驛抵充浙省馬價銀貳拾
壹兩陸錢又撥龍潭驛抵充浙省馬價銀肆拾玖
兩叁錢貳分又撥給江淮東葛貳驛馬價銀貳百
肆拾貳兩以上叁驛馬價俱已入前項驛站款內
支給
實裁銀玖拾肆兩玖分附後裁省數內改解

戶部

實存支給銀壹千陸百捌拾壹兩叁錢陸分陸毫柒

絲

實外遇閏共加銀壹百叁拾柒兩貳錢肆分陸釐柒

毫

本縣存留照舊支解銀數

文廟春秋貳祭銀壹拾叁兩壹錢捌分貳釐

啟聖祠祭祀銀壹兩

鄉賢名宦祠祭銀陸兩貳錢

京都城隍祭銀伍錢陸分

周公祠祭銀貳兩肆錢捌分

明道祠祭銀貳兩肆錢

表忠祠祭銀陸兩叁錢貳分貳釐

泰厲壇祭銀貳拾貳兩叁錢壹分叁釐内撥銀肆兩

捌錢壹分叁釐給力士工食

鄉飲酒席銀叁拾兩内先裁銀壹拾肆兩撥給雲龍貳驛馬價又裁銀捌兩改解

戶部

充餉

桃符門神銀肆兩内先裁銀壹兩續奉部文又裁銀壹兩伍錢改解戶

部充
餉
新進士牌坊叁年共銀叁拾陸兩貳錢叁分貳釐玖
毫柒絲每年徵銀壹拾貳兩柒分柒釐陸毫伍絲
陸忽柒微
中試舉人牌坊叁年共銀伍拾伍兩叁錢貳分貳釐
肆絲每年徵銀壹拾捌兩肆錢肆分陸毫捌絲
舊舉人會試盤纏叁年共銀陸拾玖兩壹錢伍分貳
釐陸毫每年徵銀貳拾叁兩伍分捌毫陸絲陸忽
柒微

本府儒學廩膳生員貳拾名每名銀壹拾貳兩共銀貳百肆拾兩又香燭銀貳兩肆錢遇閏加銀陸兩陸錢陸分陸釐陸毫柒絲准部文裁叁分之貳應裁銀壹百陸拾兩改解

戶部

本縣儒學廩膳生員貳拾名每名銀壹拾貳兩共銀貳百肆拾兩又香燭銀肆兩捌錢遇閏加銀陸兩陸錢陸分陸釐陸毫陸絲准部文裁叁分之貳應裁銀壹百陸拾兩改解

戶部

本縣儒學廩生膳夫貳名每名銀貳拾肆兩共銀肆

拾捌兩查此項先准部議裁叁分之貳應裁銀叁
拾貳兩解部今准部駁簽開查經費錄内
欽定每學膳夫貳名每名工食銀貳拾兩共銀肆拾兩此
係廩生支須應於款下註明此項多開銀兩改裁
解部等因查縣廩膳夫銀兩已與前項儒學款内
支給餘銀壹拾陸兩准部文撥給龍潭驛抵兊浙
省馬
價

歲類考試卷銀叁拾玖兩捌錢叁分叁釐叁毫叁絲
今准部議裁銀壹拾玖兩玖錢壹
分陸釐陸毫陸絲伍忽解部充餉

學院并府縣考試生童覆試閱卷銀玖兩壹錢陸分
叁釐叁毫叁絲今准部議裁銀肆兩伍錢捌分壹
釐陸毫陸絲伍忽改解戶部充餉

歲貢生員盤纏銀肆拾捌兩外加作興銀伍兩陸錢

此項府學壹年壹貢應編銀肆拾兩分派本縣銀貳拾兩縣學貳年壹貢每年應給銀貳拾兩共銀肆拾兩餘銀壹拾叁兩陸錢

撥補雲龍貳驛缺額馬價

應試生員盤纏叁年共銀陸拾兩貳錢每年徵銀貳拾兩陸分陸釐陸毫陸絲今准部議裁銀壹拾兩叁分叁釐叁毫叁絲改

解部

充餉

按院觀風考試生員合用試卷折賞花紅紙筆墨銀柒拾玖兩柒錢今准部議裁銀叁拾玖兩捌錢伍分改解戶部充餉

本府朝

覲叁年共銀貳拾兩每年徵銀陸兩陸錢陸分陸釐陸毫

陸絲陸忽今准部議裁叁分之貳應裁銀肆兩肆錢肆分肆釐肆毫肆絲肆忽改解戶部克餉

本縣朝

覲叁年共銀壹百壹拾壹兩每年徵銀叁拾柒兩今准部議裁叁分之貳應裁銀貳拾肆兩陸錢陸分陸釐陸毫改解戶部克餉

本縣孤貧捌拾名口每名口給柴布銀壹兩共銀捌拾兩今准部議全裁改解戶部克餉

季考試卷銀肆拾兩今准部議裁銀貳拾兩改解戶部

文廟朔望行香講書紙筆墨銀叁兩於順治玖年肆月會議全裁解

部

春牛廠門子銀壹兩遇閏加銀捌分叁釐叁毫叁絲

科舉米麪鹿鳴等宴修理等銀伍拾叁兩伍錢玖釐

貳絲

本府看守大門夜歇人夫柒名每名銀貳兩捌錢捌

分共銀貳拾兩壹錢陸分遇閏加銀壹兩陸錢捌

分

看守督學察院門子銀壹兩捌錢遇閏加銀壹錢伍

分

板橋公館门子壹名銀叁兩遇閏加銀貳錢伍分

本縣週圍更夫伍名共銀壹拾捌兩遇閏加銀柒錢伍分　内裁銀玖兩撥補雲龍貳驛缺額馬價

本縣鋪兵伍拾玖名内菜園等鋪壹拾陸名每名銀柒兩貳錢殷巷等鋪肆拾叁名每名銀陸兩伍錢共銀叁百玖拾肆兩柒錢遇閏加銀叁拾貳兩捌錢玖分壹釐陸毫陸絲

本縣接遞皂隷銀壹百肆拾兩　内裁銀陸拾捌兩撥補雲龍貳驛不敷馬價實編銀柒拾貳兩

本縣吹鼓手貳拾捌名每名銀柒兩貳錢共銀貳百壹兩陸錢遇閏加銀壹拾貳兩內裁捌名銀伍拾柒兩陸錢撥補雲龍貳驛鋏額馬價實編銀壹百肆拾肆兩

江寧鎮弓兵叁名每名銀柒兩貳錢共銀貳拾壹兩陸錢遇閏加銀玖錢准部議裁銀壹拾兩捌錢解部充餉

本縣條編折色由票紙劄等銀貳拾貳兩查此項於順治玖年該前巡撫部院周 訂正全書議裁銀壹拾貳兩奏給本部院册房抄案吏紙張工食之用今准部駁全書簽開撫部已有額定經費何得又留銀壹拾貳兩以作抄案吏紙張之用應裁解部充餉

本縣公出僱夫驢贏銀肆拾兩改給布政司造册紙

張銀兩

本縣解糧老人叁名每名銀柒兩貳錢共銀貳拾壹兩陸錢查此項先准部文撥給江寧驛抵充浙省馬價今准部駁全書簽開錢糧自有官解州縣設有衙役何稱解糧老人名色且各屬並無此項工食銀兩應裁解部克餉

本縣聽差老人肆名每名銀柒兩貳錢共銀貳拾捌兩捌錢查此項於順治肆年該前撫院批改本府舖兵工食今准部駁全書簽開錢糧自應官解州縣設有衙役何稱聽差老人名色且各屬並無此項工食銀兩應裁解部

主考供事官出場下程叁年共銀貳拾捌兩捌分每年徵銀玖兩叁錢陸分今准部議裁銀肆兩陸錢捌分改解戶部克餉

歲貢入監改抵科場募夫銀叁兩柒錢今准部議裁銀壹兩捌錢

伍分改解

戶部充餉

協濟安慶府倉折色米伍拾石伍斗伍升肆合每石

折銀伍錢柒分伍釐共銀貳拾玖兩陸分捌釐水

脚銀貳兩壹錢叁分伍釐貳毫查此項先該前任

巡撫部院周　咨

明北部撥補雲龍貳驛馬價今准總漕部院亢

咨開據安慶府詳據安慶衛屯丁黃堅如等連名

稟詞爲懇賜轉詳以足漕運錢糧等事該前總漕

部院蔡　題將江寧協濟漕項仍歸漕用部覆奉

旨依議欽遵在案等因咨會前來檄行該府將原協濟安

慶府米折照舊編給安慶衛官丁行月貳糧外其

雲龍貳驛缺額馬

價清查別項抵給

恤刑銀伍兩貳錢伍分捌釐伍絲該前巡撫部院撥補雲龍貳驛馬價

本府鹽糧銀貳百壹兩捌錢叁分肆釐內除撥解南餉玖庫食鹽銀柒拾貳兩又國子監椒油醋銀柒拾兩以上貳項載入前項南餉款內餘銀伍拾玖兩捌錢叁分肆釐撥補雲龍貳驛缺額馬價

本府撥剩銀壹百肆拾捌兩柒錢捌分叁釐捌毫叁絲叁忽叁微陸纖陸沙肆渺玖漠查此項原係存留解府奉部文准留本縣供應支用

供應過往上司下程小飯中火等銀貳百肆拾兩

本縣備用銀叁百兩准部議全裁解戶部充餉

本縣坊廂丁口攺入條編銀壹百捌拾捌兩柒錢壹分捌釐伍毫此項奉部文准留本縣供應支用

武場供應叁年共銀伍拾兩每年徵銀壹拾陸兩陸錢陸分陸釐柒毫准部議裁銀捌兩叁錢叁分叁釐叁毫伍絲改解戶部充餉

學院考試武生供應銀壹拾伍兩准部議裁銀柒兩伍錢改解戶部

以上存留自文廟祭祀銀起至考試武生供應等銀

止計伍拾壹欵共銀叁千壹百柒拾肆兩伍錢肆
分玖釐肆毫玖絲貳忽柒微陸纖陸沙肆渺玖漠
內順治拾叁年玖月內准部議裁考校科舉府縣
朝　覲預備供應生員廩膳鄉飲桃符孤貧柴布
弓兵等項銀捌百玖拾捌兩壹錢伍分陸釐伍絲
肆忽又准部駁全書應裁本府撥剩本縣由票解
糧聽差老人等項銀貳百壹拾壹兩壹錢捌分叁
釐捌毫叁絲叁忽叁微陸纖陸沙肆渺玖漠以上
貳項已載冊後裁省數內改解戶部又准部文撥

給雲龍貳驛抵兌浙省馬價銀壹拾陸兩已入前

項驛站欵内支給又裁銀肆兩改解户部又該前

任巡撫部院周　咨明北部撥補雲龍貳驛缺額

馬價銀貳百貳拾柒兩貳錢玖分貳釐伍絲以上

叁項已入前項驛站欵内又本府鹽糧欵内撥銀

壹百肆拾貳兩已入前項南餉欵内以上各項除

解給外

實支給銀壹千陸百柒拾伍兩玖錢壹分柒釐伍毫伍

絲伍忽肆微遇閏加銀陸拾貳兩叁分捌釐叁毫貳絲

本縣解布政司轉解戸部裁剩舊編各衙門俸薪工食等
項銀數
撫院項下應裁餘剩弁冊房寫本吏銀叁拾伍兩貳
錢解費銀壹錢貳分肆釐
按院項下如停差應扣監生廩糧副本等銀貳拾肆
兩水脚銀捌分解費銀肆錢捌分
本府知府員下應裁修宅家伙桌圍傘扇獄卒俱貳
拾伍兩玖錢玖分陸釐
本府同知員下應裁燈轎傘扇夫銀壹拾叁兩貳錢

本縣知縣員下應裁薪銀壹拾捌兩肆錢玖分

油燭迎送上司傘扇銀貳拾兩

文廟朔望行香等銀叁兩

本縣縣丞員下應裁薪銀壹拾陸兩肆錢肆釐

考校科場修造棚厰工食花紅等項應裁銀壹百壹拾陸兩柒錢肆分伍釐壹絲

府縣應裁朝覲銀貳拾玖兩壹錢壹分壹釐肆絲肆忽

本縣備用銀叁百兩

府縣儒學廩生廩糧膳夫銀叁百伍拾貳兩

桃符門神銀貳兩伍錢

鄉飲酒席銀捌兩

孤貧柴布銀捌拾兩

江寧鎮弓兵銀壹拾兩捌錢

本府撥剩銀壹百肆拾捌兩柒錢捌分叁釐捌毫叁絲叁忽叁微陸纖陸沙肆渺玖漠此項奉　部文存留本縣供應上[illegible]

本縣由票紙張銀壹拾貳兩

本縣解糧老人銀貳拾壹兩陸錢

本縣聽差老人銀貳拾捌兩捌錢

本縣通共總裁銀壹千貳百陸拾柒兩叁錢壹分叁
釐捌毫捌絲柒忽叁微陸纖陸沙肆渺玖漠內按院項下銀兩如不停差照舊起解

外不在田畝人丁額徵款項

兵部項下

草場出辦

本縣牧馬草場田地山塘壹百玖拾玖頃玖拾捌畝

叄釐伍絲共徵租銀壹百捌拾陸兩玖分陸釐水脚銀壹兩捌錢陸分玖毫陸絲

工部項下

工部班匠輪班人匠叄名每名銀肆錢伍分共銀壹兩叄錢伍分查此項於順治貳年准部文免編今順治拾伍年陸月内准部覆題奉

旨照舊徵解

學田

本縣學田肆頃玖拾貳畝壹分玖釐捌毫空地壹塊房貳所壹拾柒間陸披共徵租銀壹百壹拾捌兩

捌錢叁分伍釐肆毫租錢貳萬壹千陸百文查此項照舊催徵聽候學[illegible]下支取刊刷考卷及賑濟本縣貧生之用

雜辦内減徵寬民欵項

課程

本縣酒醋額徵鈔肆千壹百陸拾玖貫叁百伍拾伍文每貫折銀陸毫該銀貳兩伍錢壹釐陸毫壹絲叁忽本色銅錢捌千叁百叁拾捌文遇閏加鈔叁百肆拾柒貫叁百肆拾伍文伍分該銀貳錢捌釐肆毫壹絲銅錢陸百玖拾肆文綱司門籌水脚等

費錢柒千伍百文銀錢俱市鎮酒醋舖行出辦

本縣房屋額徵鈔肆千壹百陸拾玖貫叁百伍拾伍文每貫折銀陸毫該銀貳兩伍錢壹釐陸毫壹絲叁忽本色銅錢捌千叁百叁拾捌文遇閏加鈔叁百肆拾柒貫叁百肆拾伍文折銀貳錢捌釐肆毫壹絲銅錢陸百玖拾肆文綱司腳價門籌等費錢柒千伍百文銀錢徵於本縣房地租銀出辦以上

於順治叁年准　內院訂正經制改編前款南餉項下田地解其貳款免派於民

賦役全書　江寧府江寧縣

六合縣

一縣田畝大總

原額田壹千叁頃貳拾柒畝玖分叁釐捌絲伍忽内徵田玖百壹拾壹頃肆拾玖畝貳分玖毫肆絲伍忽每畝起派本色漕南米貳升壹合肆勺玖抄壹撮捌粟玖粒玖顆伍黍共徵本色米壹千玖百伍拾捌石捌斗玖升柒合陸勺每畝起派稅糧條鞭并玖釐地畝銀玖分[illegible]伍絲叁忽伍微叁纖貳沙共徵稅糧條鞭[illegible]玖釐地畝銀捌千陸百

玖拾壹兩叄錢玖分玖釐伍絲玖忽捌微陸纖柒

沙陸漠

軍馬田陸拾伍頃玖拾叄畝捌分貳釐壹毫肆絲每畝起派條鞭銀壹分柒釐共徵銀壹百壹拾貳兩壹錢肆分伍釐玖毫陸絲叄忽捌微

撤餘田貳頃玖拾叄畝每畝起派條鞭銀陸分捌釐叄毫捌絲肆忽壹微肆纖伍沙共徵銀貳拾兩叄分陸釐伍毫伍絲叄忽壹微陸纖陸沙伍塵

荒白田貳拾貳頃捌拾捌畝玖分每畝起派荒白銀

肆分肆釐共徵銀壹百兩柒錢壹分壹釐陸毫

以上本縣田各科不等照起存錢糧實數驗派共徵稅糧條鞭荒白并玖釐地畝銀捌千玖百貳拾肆兩貳錢玖分叁釐壹毫柒絲陸忽捌微叁纖叁沙五塵陸漠内除優免鄉紳舉貢生員吏承等户銀柒百叁拾貳兩叁錢伍分柒釐叁毫壹絲柒忽肆微玖纖壹沙貳塵柒渺柒漠照得優免一項案准部文不免起解各部正供止免存留雜辦差徭錢糧但紳衿雜職間有陞遷事故逐年增減不一[illegible]照見在確數開載如有消長該縣預詳院司于[illegible]年派糧易知由单内再爲增减報部考查續[illegible]順治拾伍年肆月内准

賦役全書　江寧府六合縣　二

部議停免
改解戸部

實徵稅糧條鞭荒白并玖釐抛畝銀捌千壹百玖拾

壹兩玖錢叁分伍釐捌毫伍絲玖忽叁微肆纖貳

沙貳塵貳渺玖漠

實徵本色漕南米壹千玖百伍拾捌石捌斗玖升柒

合陸勺

一縣人丁大總

原額人丁壹萬貳千叁百捌拾柒丁於順治伍年審

增人丁肆百陸拾陸丁原額新增共人丁壹萬貳

千捌百伍拾叁丁每丁一例徵銀貳錢共徵銀貳千伍百柒拾兩陸錢內除鄉紳舉貢生員吏承等戶優免人丁伍百丁共免銀壹百兩於順治拾伍年肆月內准部文止免鄉紳舉貢生員本身壹丁實免銀叁拾玖兩餘丁并吏承不免銀陸拾壹兩改解戶部

實在當差人丁壹萬貳千叁百伍拾叁丁共銀貳千肆百柒拾兩陸錢

丁田共實徵夏稅秋糧地畝條鞭折色銀壹萬陸百陸拾貳兩伍錢叁分伍釐捌毫伍絲玖忽叁微肆

纖貳沙貳塵貳渺玖漠

夏稅本色銀肆兩壹錢陸釐捌毫玖絲

秋糧銀壹萬陸百伍拾捌兩肆錢貳分捌釐玖毫陸

絲玖忽叁微肆纖貳沙貳塵貳渺玖漠

外商稅餘鈔抵解銀貳百壹拾叁兩肆錢玖分貳釐陸毫

戶部本折銀壹千柒拾肆兩壹錢柒分伍釐玖毫壹

絲壹忽捌微貳纖捌沙陸塵

禮部折色銀陸拾肆兩貳錢伍分

兵部折色銀壹千柒百伍拾壹兩玖錢柒分玖釐貳毫壹絲

工部折色銀伍拾貳兩叁錢貳分叁釐貳毫

四部本折水脚等銀壹百貳拾捌兩玖錢叁分貳釐壹毫肆絲柒忽壹微伍纖肆沙捌塵伍渺捌漠

輕齎等銀貳百貳拾柒兩柒錢肆分捌釐陸毫玖絲叁忽捌微

本色蓆木板片等銀貳兩陸錢玖分壹釐伍毫壹絲

改解南省折色銀叁百柒拾陸兩玖錢伍分肆釐肆

毫伍絲玖忽肆微捌纖

驛站銀壹千玖百柒拾柒兩柒錢捌分叁釐貳毫玖

絲捌忽

兵餉銀陸百叁兩貳分壹毫肆絲玖忽肆微叁纖肆

沙柒塵柒渺壹漠

各衙門銀貳拾兩叁錢玖釐貳毫肆絲玖忽玖微捌

纖肆沙

經費銀壹千叁百肆拾玖兩柒錢貳分

存留支給銀貳千伍百捌拾伍兩肆錢玖分玖毫叁

忽陸微陸纖

裁省解部銀陸百陸拾兩零陸錢肆分玖釐柒毫貳

絲陸忽

外優免丁糧貳項解部銀柒百玖拾叁兩叁錢伍分柒厘叁毫壹絲柒忽肆微玖纖壹沙貳塵柒渺柒漠

實徵本色漕糧米壹千玖百伍拾捌石捌斗玖

升柒合陸勺內

本色漕糧正耗米壹千柒百貳拾石陸斗

本色留充本省兵糧米壹百貳拾叁石玖升柒合陸

勺

本色存留孤貧米壹百壹拾伍石貳斗

外不在田畝人丁派徵

雜項出辦

戶部商稅槐鈔餘鈔兵部牧馬𠔀地工部班匠本折

蘇膠解南草塲本縣學田等項共徵銀玖百玖拾

捌兩柒錢伍分柒釐柒絲陸忽肆微柒纖陸沙柒

塵伍渺

本縣解布政司轉解四部折色銀數

秋糧折色起運

戶部項下折色

太倉庫米折銀壹兩肆分肆釐伍毫玖絲壹忽捌微貳纖捌沙陸塵水腳銀壹分肆毫肆絲伍忽玖微壹纖捌沙貳塵捌渺陸漠解費銀貳分捌毫玖絲壹忽捌微叁纖陸沙伍塵柒渺貳漠此項原額太倉庫折色米壹石柒斗肆升玖勺捌抄陸撮叁圭捌粟壹粒每石折銀陸錢共銀壹兩肆分肆釐伍毫玖絲壹忽捌微貳纖捌沙陸塵水腳銀壹分肆毫肆絲伍忽玖微壹纖捌沙貳塵捌渺陸漠解費銀貳分捌毫

玖絲壹忽捌微叁纖

陸沙伍塵柒渺貳漠

京庫草折銀壹百柒拾壹兩貳錢柒分水脚銀壹兩柒錢壹分貳釐柒毫解費銀叁兩肆錢貳分伍釐肆毫此項原額馬草伍千柒百玖包每包折銀叁分共銀壹百柒拾壹兩貳錢柒分水脚銀壹兩柒錢壹分貳釐柒毫解費銀叁兩肆錢貳分伍釐肆毫

玖釐地畝銀捌百玖拾玖兩貳錢伍分柒釐叁毫貳絲水脚銀捌兩玖錢玖分貳釐伍毫柒絲叁忽貳微解費銀壹拾柒兩玖錢捌分伍釐壹毫肆絲陸忽肆微此項於萬曆末年加編今順治肆年奉

旨照舊編派
徵解
以上戸部下折色自太倉庫米折起至玖釐地畝止
計叁欵共銀壹千壹百叁兩柒錢壹分玖釐陸絲
玖忽壹微捌纖叁沙肆塵伍渺捌漠內正銀壹千柒拾壹兩
伍錢柒分壹釐玖毫壹絲壹忽捌微貳纖捌沙陸
塵水脚銀壹拾兩柒錢壹分伍釐柒毫壹絲玖忽
壹微壹纖捌沙貳塵捌渺陸漠解費銀貳拾壹兩
肆錢叁分壹釐肆毫叁絲捌忽貳微叁纖陸沙伍
塵柒渺
貳漠

禮部項下折色

禮部折色蒼朮銀陸拾肆兩貳錢伍分內除商稅抵

解銀叁拾玖兩肆錢柒分肆釐貳絲柒忽伍微不派條鞭實編銀貳拾肆兩柒錢柒分伍釐玖毫柒絲貳忽伍微水脚玖兩捌錢柒分肆釐貳絲柒忽伍微解費壹兩貳錢捌分伍釐

此項原編本色貳千伍百柒拾觔每觔價銀柒釐共銀壹拾柒兩玖錢玖分水脚銀壹拾貳兩玖錢伍分叁毫柒絲於萬曆肆拾柒年改折陸百肆拾伍觔每觔折銀貳分伍釐共銀壹拾陸兩壹錢貳分伍釐水脚銀壹錢陸分壹釐貳毫伍絲實徵本色蒼朮壹千玖百貳拾伍觔每觔價銀柒釐共銀壹拾叁兩肆錢柒分伍釐實徵本色水脚銀玖兩柒錢壹分貳釐柒毫柒絲柒忽伍微於順治捌年玖月內奉旨全改折該折色蒼朮貳千伍百柒拾觔每觔折銀貳分伍釐共銀陸拾肆兩貳錢伍分內除商稅抵解銀

叁拾玖兩肆錢柒分肆釐貳絲柒忽伍微不泒條鞭實編銀貳拾肆兩柒錢柒分伍釐玖毫柒絲貳忽伍微水腳銀玖兩捌錢柒分肆釐貳絲柒忽伍微解費銀壹兩貳錢捌分伍釐

貼備蒼朮藥材顏料使費銀叁拾兩（此項原編貼備本色蒼朮脚費之用今蒼朮准部文改徵折色仍解禮部）

以上禮部項下折色蒼朮并貼備蒼朮藥材顏料使費貳款共銀壹百伍兩肆錢玖釐貳絲柒忽伍微內正銀陸拾肆兩貳錢伍分水腳銀叁拾玖兩捌錢柒分肆釐貳絲柒忽伍微解費銀壹兩貳錢捌分伍釐

兵部項下

折色

兵部備用折色馬銀壹千肆百柒拾兩內除商稅抵解銀壹百伍拾貳兩叁錢伍釐伍毫玖絲陸忽肆微不派條鞭實編銀壹千叁百壹拾柒兩陸錢玖分肆釐肆毫叁忽陸微水脚銀壹拾肆兩柒錢解貲銀貳拾玖兩肆錢此項原編本色馬貳拾匹捌分每匹銀叁拾兩折色馬貳拾捌匹貳分每匹銀貳拾肆兩共銀壹千叁百兩捌錢水脚銀壹拾叁兩捌釐於順治貳年間准太僕寺劉　題請俵馬無論本折每匹折銀叁拾兩除原編外折色馬每匹加銀陸兩共加銀壹百陸

拾玖兩貳錢原額新增共銀壹千肆百柒拾兩
水脚銀壹拾肆兩柒錢解費銀貳拾玖兩肆錢
兵部草料銀貳百陸拾兩水脚銀貳兩陸錢解費銀
伍兩貳錢
協濟江浦縣草料銀貳拾兩柒錢柒分玖釐貳毫壹
絲水脚銀貳錢柒釐柒毫玖絲貳忽壹微係商稅
銀內抵解不派條鞭實編解費銀肆錢壹分伍釐
伍毫捌絲肆忽貳微
太僕寺短班醫獸銀壹兩貳錢水脚銀陸釐解費銀
貳分肆釐

以上兵部下折色自備用折色馬起至太僕寺短班醫獸止計肆款共銀壹千捌百肆兩伍錢叁分貳釐伍毫捌絲陸忽叁微内正銀壹千柒百伍拾壹兩玖錢柒分玖釐貳毫壹絲水脚銀壹拾柒兩伍錢壹分叁釐柒毫玖絲貳忽壹微解費銀叁拾伍兩叁分玖釐伍毫捌絲肆忽貳微

工部項下折色

工部四司料價銀壹拾柒兩貳錢肆分貳釐水脚銀壹錢柒分貳釐肆毫貳絲解費銀叁錢肆分肆釐捌毫肆絲内

營繕司銀伍兩伍錢壹分柒釐肆毫肆絲水脚銀伍
分伍釐壹毫柒絲肆忽肆微解費銀壹錢壹分叁
毫肆絲捌忽捌微
虞衡司銀貳兩柒錢伍分捌釐柒毫貳絲水脚銀貳
分柒釐伍毫捌絲柒忽貳微解費銀伍分伍釐壹
毫柒絲肆忽肆微
都水司銀肆兩捌錢貳分柒釐柒毫陸絲水脚銀肆
分捌釐貳毫柒絲柒忽陸微解費銀玖分陸釐伍
毫伍絲伍忽貳微

屯田司銀肆兩壹錢叁分捌釐捌絲水脚銀肆分壹釐叁毫捌絲捌微解費銀捌分貳釐柒毫陸絲壹忽陸微

工部營繕司磚料銀壹拾柒兩貳錢肆分貳釐水脚銀壹錢柒分貳釐肆毫貳絲解費銀叁錢肆分肆釐捌毫肆絲

御用監匠役衣糧銀壹拾柒兩捌錢叁分玖釐貳毫水脚銀壹錢柒分捌釐叁毫玖絲貳忽解費銀叁錢伍分陸釐柒毫捌絲肆忽遇閏加銀壹兩肆錢

玖分陸釐叁毫柒絲玖忽伍微此項原編銀壹拾伍兩捌錢貳分伍釐遇閏加銀壹兩叁錢伍分叁釐於順治拾壹年肆月內准工部頒發欵目冊改編前數

以上工部下折色自工部肆司料價起至御用監匠役衣粮止計叁欵共銀伍拾叁兩捌錢玖分貳釐捌毫玖絲陸忽遇閏加銀壹兩肆錢玖分陸釐叁毫柒絲玖忽伍微內正銀伍拾貳兩叁錢貳分叁釐貳毫水脚銀伍錢貳分叁釐貳毫叁絲貳忽解費銀壹兩肆分陸釐肆毫陸絲肆忽

本縣解布政司轉解戶部本色絲絹數

夏稅本色起運

戶部項下折色

原解南承運庫今改解京本色壹分貳釐絹叁疋柒分貳釐每疋原編銀柒錢共銀貳兩陸錢肆釐外綱司水脚銀壹兩伍錢貳釐捌毫玖絲此項原編解南庫絲絹叁拾壹疋內本色絹叁疋柒分貳釐每疋原編銀柒錢共銀貳兩陸錢肆釐綱司水脚銀壹兩伍錢貳釐捌毫玖絲改解北部餘折色絹貳拾柒疋貳分捌釐徵銀載入後項留充本省兵餉數內查此項本色絲絹准部駁全書發開仍解本色者價值奉
旨照刑書價值開列每年貳月內督撫確查時估題明塡入易知由单內照數徵派委官辦解不許遺累民間

以上戶部下本色絲絹壹欵共銀肆兩壹錢陸釐捌毫玖絲內正銀貳兩陸錢肆釐外緉司水腳銀壹兩伍錢貳釐捌毫玖絲

本縣兌運本色漕糧米數

秋糧本色起運

戶部項下本色

京倉兌運漕糧正米壹千貳百貳拾玖石每石加耗肆斗該耗米肆百玖拾壹石陸斗共正耗米壹千柒百貳拾石陸斗

以上戶部下本色漕米壹欵共壹千柒百貳拾石陸

斗

本縣支給運官蓆木銀數

本色叄分蘆蓆銀壹兩捌錢肆分叄釐伍毫

本色叄分楞木松板銀捌錢肆分捌釐壹絲

本縣解淮安府漕河貳庫輕賫河工銀數

貳陛輕賫米銀壹拾玖兩捌釐伍毫水脚銀壹錢玖分捌絲伍忽解費銀叄錢捌分壹毫柒絲此項原額銀壹百肆拾柒兩肆錢捌分水脚銀壹兩肆錢柒分肆釐捌毫内撥出舊額河工銀壹拾貳兩貳錢玖分水脚銀壹錢貳分貳釐玖毫又撥出改派河工銀壹百壹拾陛兩壹錢捌分壹釐伍毫解費銀壹兩

壹錢陸分壹釐捌毫壹絲
伍忽除撥出外實編前數

隨糧壹升蘆蓆米銀肆兩叁錢壹釐伍毫解費銀捌
分陸釐叁絲此項原編銀陸兩壹錢肆分伍釐內撥出本色叁分銀壹兩捌錢肆分叁
釐伍毫給發運官辦
解本色實編前數

楞木松板銀壹兩玖錢柒分捌釐陸毫玖絲解費銀
叁分玖釐伍毫柒絲叁忽捌微此項原編銀貳兩捌錢貳分陸釐柒
毫內撥出本色叁分銀捌錢肆分捌釐
壹絲給發運官辦解本色實編前數

正兌壹分簟纜銀壹拾貳兩貳錢玖分水脚銀壹錢
貳分貳釐玖毫解費銀貳錢肆分伍釐捌毫

陸升過江米銀肆拾肆兩貳錢肆分肆釐以上伍項俱解淮安

府漕

庫

舊額河工銀壹拾貳兩貳錢玖分水脚銀壹錢貳分

貳釐玖毫解費銀貳錢肆分伍釐捌毫

輕賫改派河工銀壹百壹拾陸兩壹錢捌分壹釐伍

毫水脚銀壹兩壹錢陸分壹釐捌毫壹絲伍忽解

費銀貳兩叁錢貳分叁釐陸毫叁絲以上貳項原係輕賫銀內

撥出

另解

溜夫工食銀壹拾貳兩貳錢玖分解費銀貳錢肆分

伍釐捌毫以上叁項徵解淮安府河庫

以上隨漕輕賫河工等項自本色蘆蓆起至溜夫工食止計拾欵共銀貳百叁拾兩肆錢肆分貳毫叁忽捌微内正銀貳百貳拾伍兩貳錢柒分伍釐柒毫水脚銀壹兩伍錢玖分柒釐柒毫解賫銀叁兩伍錢陸分陸釐捌毫叁忽捌微

本縣解省倉轉給省城兵糧米數

原解南各衛倉改解江寧倉水兑平米玖拾陸石壹斗柒升每石加耗貳斗船錢叁升盤用伍升共貳斗捌升該耗米貳拾陸石玖斗貳升柒合陸勺共

正耗米壹百貳拾叁石玖升柒合陸勺 此項正耗米石坐派

本省各衛官

丁行月貳糧

本縣存留本色米數

養濟院孤貧叁拾貳名口每名給本色米叁石陸斗

共米壹百壹拾伍石貳斗遇閏加米玖石陸斗

本縣解布政司留充本省兵餉等項支用銀數

稅糧起運

戶屬項下改充南餉

各衛倉麥折銀壹百貳拾肆兩肆錢水脚銀陸錢貳

分貳釐解費銀貳兩肆錢捌分捌釐此項原額折色正麥叁百壹拾壹石每石折銀肆錢共銀壹百貳拾肆兩肆錢水脚銀陸錢貳分貳釐解費銀貳兩肆錢捌分捌釐

庫絲絹折銀壹拾玖兩玖分陸釐水脚銀壹錢玖分玖毫陸絲解費銀叁錢捌分壹釐玖毫貳絲此項原額折色捌分捌釐絹貳拾柒疋貳分捌釐每疋折銀柒錢共銀壹拾玖兩玖分陸釐水脚銀壹錢玖分玖毫陸絲解費銀叁錢捌分壹釐玖毫貳絲

定場草折銀壹拾玖兩捌錢伍分肆釐水脚銀玖分玖釐貳毫柒絲解費銀叁錢玖分柒釐捌絲此項原額

馬草壹千壹百叁包每包折銀壹分捌釐共銀壹
拾玖兩捌錢伍分肆釐水脚銀玖分玖釐貳毫柒
絲解費銀叁錢
玖分柒釐捌絲

均徭起運

户屬項下改充南餉

房屋鈔銀肆分伍釐柒毫叁絲係商稅銀内抵解不
派條鞭外解費銀玖毫壹絲肆忽陸微

酒醋鈔銀壹錢陸分叁釐貳毫肆絲肆忽係商稅銀
内抵解不派條鞭外解費銀叁釐貳毫陸絲肆忽
捌微捌纖

廣惠庫銅錢伍百壹拾柒文係商稅銀內抵解不派

條編外解費錢壹拾文

光祿寺醫獸銀貳兩水腳銀貳分解費銀肆分

酒醋局醫獸銀貳兩水腳銀壹分解費銀肆分

江都等縣協濟鰣魚廠船網銀貳拾柒兩陸錢肆分

叄釐此項原係江都等縣協濟因隔屬未完致蒙

覆查逐年代叅該縣申詳蒙江寧撫院張　批司

本都院批江都等縣應輸之銀載入六合縣代爲

考成固屬不便據覆業已分晰註冊仰即備行該

縣知照繳等因在案前銀仍歸江都等縣徵解

兵屬項下改充南餉

兵部分司皂隷銀拾肆兩肆錢解費銀貳錢捌分捌

釐

各道門皂銀叁拾陸兩解費銀柒錢貳分

太僕寺醫獸銀叁拾陸兩解費銀柒錢貳分

寧太道公費什物銀壹拾玖兩叁錢陸分叁釐捌毫

解費銀叁錢捌分柒釐貳毫柒絲陸忽

寧太道皂隷銀拾肆兩肆錢解費銀貳錢捌分捌釐

寧太道民壯銀陸拾肆兩捌錢解費銀壹兩貳錢玖

分陸釐

上司操練民兵花紅銀陸兩解費銀壹錢貳分

刑屬項下改充南餉

刑部醫生銀玖兩陸錢解費銀壹錢玖分貳釐

以上留充本省兵餉下自各衛倉麥折銀起至刑部醫生銀止計壹拾陸款共銀叁百柒拾陸兩玖錢伍分肆釐肆毫伍絲玖忽肆微捌纖内正銀叁百陸拾捌兩陸錢叁分玖釐柒毫柒絲肆忽水脚銀玖錢肆分貳釐貳毫叁絲解費銀柒兩叁錢柒分貳釐肆毫伍絲伍忽肆微捌纖

本縣解給驛站協濟銀數

驛站

棠邑驛上中馬貳疋驢捌頭伍分共銀貳百伍拾捌兩伍錢内裁本府鋪陳銀貳拾壹兩柒錢伍分奉文撥補龍潭驛馬價實編本驛銀貳百叁拾陸兩柒錢伍分遇閏加銀壹拾玖兩柒錢貳分玖釐壹毫柒絲

棠邑驛騾價銀陸拾叁兩遇閏加銀伍兩貳錢伍分

棠邑驛支應銀肆百貳拾伍兩遇閏加銀叁拾伍兩肆錢壹分陸釐陸毫陸絲

津貼崇邑驛馬驢銀肆百捌拾兩內荒白撒餘田認

銀伍拾肆兩柒錢玖分壹釐貳毫不派條鞭實該

銀肆百貳拾伍兩貳錢捌釐捌毫遇閏加銀叁拾

伍兩肆錢叁分肆釐柒絲

江淮驛支應銀叁拾捌兩肆錢叁分遇閏加銀叁兩

貳錢貳釐伍毫

滁州大柳樹驛上馬叁匹每匹銀肆拾貳兩共銀壹

百貳拾陸兩遇閏加銀拾兩伍錢

江寧驛馬價銀玖拾兩遇閏加銀柒兩伍錢

雲亭驛撥補缺額馬價銀壹拾兩零陸錢肆分伍釐

肆毫捌絲外遇閏該加銀捌錢捌分柒釐壹毫貳

絲

東葛驛抵兌浙省馬價銀壹百陸拾柒兩肆錢遇閏

加銀拾叁兩玖錢伍分

龍潭驛缺額馬價銀貳百柒拾伍兩伍錢伍分柒釐

壹毫壹絲捌忽遇閏加銀貳拾貳兩玖錢陸分叁

釐玖絲

江淮驛奉江南總督部院馬　題部覆准撥給抵兌浙

省馬價銀陘拾伍兩遇閏加銀伍兩肆錢壹分陸
釐陸毫陸絲
以上驛站自棠邑驛馬價起至江淮驛不敷馬價止
計拾壹款共銀壹千玖百柒拾柒兩柒錢捌分叁釐捌毫玖
絲捌忽外該遇閏加銀壹百陸拾兩貳錢肆分玖釐
叁毫叁絲
本縣解漕操
均徭
漕標兵餉項下

海防銀叁百柒兩捌分捌釐伍毫叁絲捌忽捌纖叁沙陸渺水脚銀壹兩伍錢叁分伍釐肆毫肆絲貳忽柒纖貳塵解費銀陸兩壹錢肆分壹釐柒毫柒絲柒微陸纖壹沙陸塵陸渺壹漠此項原解常州府聽候江寧撫院動支給散兵餉今改解淮安府聽候漕撫動支給散江北營兵餉

池陽兵餉銀壹拾陸兩伍錢柒分玖釐玖毫玖微玖纖伍沙水脚銀捌分貳釐捌毫玖絲玖忽伍微肆沙玖塵伍渺解費銀叁錢叁分壹釐伍毫玖絲捌忽壹纖玖沙玖塵此項原解池州府聽候操院動支給池陽鎮兵餉今池陽鎮

歸池陽營其銀改觧淮安府聽候
漕撫部院動支給發江北營兵餉

操院兵餉項下

操院兵餉銀壹百陸拾兩加編銀叁拾伍兩觧費銀
叁兩玖錢遇閏加銀貳拾壹兩叁錢叁分叁釐叁
毫叁絲

操院抽取瓜埠廵檢司防守弓兵陸名每名銀拾貳
兩共銀柒拾貳兩水脚銀叁錢陸分遇閏加銀陸
兩

以上兵餉自海防兵餉起至操院抽用瓜埠廵檢司

防守弓兵止計肆款共銀陸百叁兩貳分壹毫肆絲玖忽肆微叁纖肆沙柒塵柒渺壹漠内正銀伍百玖拾兩陸錢陸分捌釐肆毫叁絲玖忽柒纖捌沙陸渺水脚銀壹兩玖錢柒分捌釐叁毫肆絲壹忽伍微柒纖伍沙壹塵伍渺解費銀壹拾兩叁錢柒分叁釐叁毫陸絲捌忽柒微捌纖壹沙伍塵陸渺壹漠

遇閏加銀貳拾柒兩叁錢叁分叁釐叁毫叁絲

本縣解各衙門銀數

均徭

撫院項下原編供應銀貳拾肆兩捌錢此項銀兩已抵經費外餘剩應裁解部

撫院項下冊房寫本吏銀貳錢叁分柒釐解費銀肆釐柒毫肆絲此項准部駁全書簽開撫院已有額派書吏廩給銀兩何得又設此項寫本吏應裁改解戶部

按院廩給監生廩糧副本等銀壹拾兩水腳銀肆分

新增心紅銀貳兩解費銀貳錢肆分此項先於順治拾壹年內准部駁全書簽開文職經費錄內並無監生廩糧副本等銀應裁改解戶部

學院供應銀肆兩捌錢伍分柒釐伍毫叁絲玖忽貳微加編銀叁兩捌錢捌分陸釐水腳銀壹分玖釐肆毫肆絲解費銀壹錢柒分肆釐捌毫柒絲柒微

捌纖肆沙遇閏加銀柒錢貳分捌釐陸毫叁絲

協濟蘇松學院供應銀壹兩伍錢

漕院項下邳州供應銀叁錢壹分伍釐

江南布政司曆日銀柒兩柒錢叁分伍釐水脚銀壹

錢伍分肆釐柒毫

江南布政司朝

覲路費紙張叁年共銀伍兩每年徵銀壹兩陸錢陸分陸

釐柒毫

以上解各衙門自撫院供應起至布政司朝　覲止

計捌款共銀伍拾柒兩陸錢叁分玖毫捌絲玖忽
玖微捌纖肆沙内
於順治肆年肆月貳拾肆日准
部須癸經費錄撫院項下供應銀兩除抵經費外
餘銀貳拾肆兩捌錢又准
部駁全書僉開應裁撫院項下冊房寫本吏銀貳
錢肆分壹釐柒毫肆絲又裁按院項下監生廪糧
副本等銀壹拾貳兩貳錢肆分以上叁項共裁銀
叁拾柒兩貳錢捌分壹釐柒毫肆絲附後裁省數

内改解戸部

實解各衙門銀貳拾兩叁錢玖釐貳毫肆絲玖忽玖

微捌纖肆沙

遇閏加銀柒錢貳分捌釐陸毫叁絲

本縣解給府屬各員俸銀衙役工食銀數

本府知府員下分派本縣

獄卒貳名每名銀陸兩共銀拾貳兩遇閏加銀壹兩

經制原每名銀柒兩貳錢今每名裁銀壹兩貳錢

共裁銀貳兩肆錢解部

本府同知員下分派本縣

修宅家伙銀柒兩肆錢叁分伍釐陸毫柒絲於順治拾貳年
肆月內准部議
全裁改解戶部

本縣知縣員下照經費新編

俸銀肆拾伍兩遇閏加銀叁兩柒錢伍分經制原編俸銀貳拾
柒兩肆錢玖分於順治拾叁年玖月內准部覆
題定將薪銀壹拾柒兩伍錢壹分添入以足前數

薪銀拾捌兩肆錢玖分經制原編薪銀叁拾陸兩內撥出銀壹拾柒兩伍錢壹分
添入俸銀餘銀拾捌兩
肆錢玖分改解戶部

心紅紙張銀貳拾兩遇閏加銀壹兩陸錢陸分陸釐
陸毫柒絲經制原編心紅紙張油燭銀叁拾兩於順治拾叁年玖月內准部議裁油燭銀

拾兩改
解戶部

修宅家伙銀貳拾兩於順治玖年肆月會議全裁今撥給江淮東葛貳驛抵充浙省馬價

迎送上司傘扇銀壹拾兩此項於順治拾貳年肆月內裁銀捌兩續於順治拾叁年玖月內准部議全裁改解戶部

書辦拾貳名每名銀陸兩共銀柒拾貳兩遇閏加銀陸兩經制原每名銀拾兩捌錢今每名裁銀肆兩捌錢共裁銀伍拾柒兩陸錢撥給江淮東葛貳驛抵充浙省馬價

門子貳名每名銀陸兩共銀拾貳兩遇閏加銀壹兩

經制原每名銀柒兩貳錢今每名裁銀壹兩貳錢
共裁銀貳兩肆錢撥給江淮東葛貳驛抵兗浙省
馬
價

皂隸拾陸名每名銀陸兩共銀玖拾陸兩遇閏加銀
捌兩　經制原每名銀柒兩貳錢今每名裁銀壹兩
貳錢共裁銀拾玖兩貳錢撥給江淮東葛貳
驛抵兗浙
省馬價

馬快捌名每名連草料銀拾陸兩捌錢共銀壹百叁
拾肆兩肆錢遇閏加銀拾壹兩貳錢　經制原每名
工食并草料
銀拾捌兩案准　總督部院馬　咨准戶部咨開
除每名歲支草料銀拾兩捌錢工食銀柒兩貳錢
今每名止裁工食銀壹兩貳錢共裁銀玖兩
陸錢撥給江淮東葛貳驛抵兗浙省馬價

民壯伍拾名每名銀陸兩共銀叁百兩遇閏加銀貳拾伍兩
經制原每名銀柒兩貳錢今每名裁銀壹兩貳錢共裁銀陸拾兩撥給江淮東葛貳驛抵兊浙省馬價

燈籠夫肆名每名銀陸兩共銀貳拾肆兩遇閏加銀貳兩
經制原每名銀柒兩貳錢今每名裁銀壹兩貳錢共裁銀肆兩捌錢撥給江淮東葛貳驛抵兊浙省馬價

看監禁卒捌名每名銀陸兩共銀肆拾捌兩遇閏加銀肆兩
經制原每名銀柒兩貳錢今每名裁銀壹兩貳錢共裁銀玖兩陸錢撥給江淮東葛貳驛抵兊浙省馬價

修理倉監銀貳拾兩

轎傘扇夫柒名每名銀陸兩共銀肆拾貳兩遇閏加銀叁兩伍錢經制原每名銀柒兩貳錢今每名裁銀壹兩貳錢共裁銀捌兩肆錢撥給

江淮東葛貳驛

抵兊浙省馬價

庫書壹名銀陸兩遇閏加銀伍錢經制原編銀拾貳兩今裁銀陸兩撥

給江淮東葛貳驛

抵兊浙省馬價

倉書壹名銀陸兩遇閏加銀伍錢經制原編銀拾貳兩今裁銀陸兩撥

給江淮東葛貳驛

抵兊浙省馬價

庫子肆名每名銀陸兩共銀貳拾肆兩遇閏加銀貳

兩經制原每名銀柒兩貳錢今每名裁銀壹兩貳錢共裁銀肆兩捌錢撥給江淮東葛貳驛抵兌

浙省馬價

斗級肆名每名銀陸兩共銀貳拾肆兩遇閏加銀貳兩經制原每名銀柒兩貳錢今每名裁銀壹兩貳錢共裁銀肆兩捌錢撥給江淮東葛貳驛抵兌

浙省馬價

本縣典史員下照經費新編

俸銀叁拾壹兩伍錢貳分遇閏加銀貳兩陸錢貳分

陸釐陸毫陸絲經制原編俸銀拾玖兩伍錢貳分於順治拾叁年玖月內准部覆

題定將原編薪銀拾貳兩添入俸銀以足前數

書辦壹名銀陸兩遇閏加銀伍錢經制原編銀柒兩貳錢今裁銀壹兩貳錢撥給江淮東葛貳驛抵充浙省馬價

門子壹名銀陸兩遇閏加銀伍錢經制原編銀柒兩貳錢今裁銀壹兩貳錢撥給江淮東葛貳驛抵充浙省馬價

皂隸肆名每名銀陸兩共銀貳拾肆兩遇閏加銀貳兩經制原每名銀柒兩貳錢今每名裁銀壹兩貳錢共裁銀肆兩捌錢撥給江淮東葛貳驛抵充浙省馬價

馬夫壹名銀陸兩遇閏加銀伍錢經制原編銀柒兩貳錢今裁銀壹兩貳錢撥給江淮東葛貳驛抵充浙省馬價

瓜埠巡檢員下照經費新編

俸銀叄拾壹兩伍錢貳分遇閏加銀貳兩陸錢貳分陸釐陸毫陸絲經制原編俸銀拾玖兩伍錢貳分於順治拾叄年玖月內准部覆

題定將原編薪銀拾貳兩

添入俸內支給以足前數

書辦壹名銀陸兩遇閏加銀伍錢經制原編銀柒兩貳錢今裁銀壹兩

貳錢撥給江淮東葛

貳驛抵兊浙省馬價

皂隸貳名每名銀陸兩共銀拾貳兩遇閏加銀壹兩

經制原每名銀柒兩貳錢今每名裁銀壹兩貳錢

共裁銀貳兩肆錢撥給江淮東葛貳驛抵兊浙省

馬

價

税課局大使員下照經費新編

俸銀叁拾壹兩伍錢貳分遇閏加銀貳兩陸錢貳分陸釐陸毫陸絲經制原俸銀拾玖兩伍錢貳分於順治拾叁年玖月内准部覆　題定將原編銀拾貳兩添入俸銀以足前數

書辦壹名銀陸兩遇閏加銀伍錢經制原編銀柒兩貳錢今裁銀壹兩貳錢撥給江淮東葛貳驛抵充浙省馬價

皂隸貳名每名銀陸兩共銀拾貳兩遇閏加銀壹兩經制原每名銀柒兩貳錢今每名裁銀壹兩貳錢共裁銀貳兩肆錢撥給江淮東葛貳驛抵充浙省馬價

棠邑驛驛丞員下照經費新編

俸銀叁拾壹兩伍錢貳分遇閏加銀貳兩陸錢貳分陸釐陸毫陸絲經制原編俸銀拾玖兩伍錢貳分於順治拾叁年玖月內准部覆題定將原編薪銀拾貳兩添入俸銀以足前數

書辦壹名銀陸兩遇閏加銀伍錢經制原編銀柒兩貳錢今裁銀壹兩貳錢撥給江淮東葛貳驛抵兌浙省馬價

皂隸貳名每名銀陸兩共銀拾貳兩遇閏加銀壹兩經制原每名銀柒兩貳錢今每名裁銀壹兩貳錢共裁銀貳兩肆錢撥給江淮東葛貳驛抵兌浙省馬價

本縣儒學教諭壹員訓導壹員俱照經費新編

俸銀各叁拾壹兩伍錢貳分共銀陸拾叁兩肆分遇閏加銀伍兩貳錢伍分叁釐叁毫叁絲經制每員原編俸銀拾玖兩伍錢貳分於順治拾叁年玖月内准部覆題定將每員原編薪銀拾貳兩添入俸銀以足前數

齋夫陸名每名銀拾貳兩共銀柒拾貳兩遇閏加銀陸兩

門子伍名每名銀柒兩貳錢共銀叁拾陸兩遇閏加銀叁兩

學書壹名銀柒兩貳錢遇閏加銀陸錢

教官貳員喂馬草料銀各拾貳兩共銀貳拾肆兩遇閏加銀貳兩

本縣儒學廩生膳夫貳名每名銀貳拾兩共銀肆拾兩遇閏加銀叁兩叁錢叁分叁釐叁毫叁絲 查此項案准戶部咨開膳夫每學貳名共銀肆拾兩經費錄開載甚明此指縣學廩生貳拾名爲言也如州廩叁拾名應支銀陸拾兩府廩肆拾名應支銀捌拾兩自當按數遞增載入全書至於教官從無支膳銀之例難以准從等因在案查縣廩貳拾名每名銀貳兩共銀肆拾兩相應註明照數支給

以上自本府獄卒起至本縣廩生膳夫止計肆拾款

共銀壹千陸百叁拾兩肆錢肆分伍釐陸毫柒絲
内於順治玖年肆月會議裁扣本縣修宅家伙并
衙役工食等項銀貳百叁拾肆兩捌錢又於順治
拾貳年肆月會議裁扣本府同知修宅家伙并本
縣迎送上司傘扇銀拾伍兩肆錢叁分伍釐陸毫
柒絲又於順治拾叁年玖月内准部覆　題定照
滿官對品支俸應裁知縣薪銀并油燭傘扇等銀
叁拾兩肆錢玖分以上叁項共裁銀貳百捌拾兩
柒錢貳分伍釐陸毫柒絲内於順治拾年閏陸月

内准江南總督部院馬　題爲調劑驛困永除民
艱事部覆准撥給江淮東葛貳驛抵充浙省馬價
銀貳百叁拾貳兩肆錢已入前項驛站款内支給
實裁銀肆拾捌兩叁錢貳分伍釐陸毫柒絲附後
裁省數内改解
戸部
實存支給銀壹千叁百肆拾玖兩柒錢貳分遇閏加
銀壹百壹拾兩捌錢玖釐玖毫柒絲
本縣存留照舊支解銀數

文廟啓聖鄉賢山川社稷邑厲等壇祭祀銀壹百柒兩壹錢陸分　查此項於順治肆年該前撫院訂正經制議裁壹半銀伍拾叁兩伍錢捌分免派於民今准部駁全書發開文廟等祭祀銀兩此係向未額編爲數無幾何得免編應照舊編用等因在案照數徵給祭祀之用內分給○文廟等祠銀捌拾叁兩貳錢柒分捌釐○邑厲等壇銀貳拾壹兩陸錢○馬神等廟銀貳兩貳錢捌分貳釐

鄉飲酒席銀拾陸兩　此項原編銀貳拾兩內先裁銀肆兩撥補雲龍貳驛缺額馬價今又准部議裁銀捌兩改解戶部

桃符門神春牛芒神銀叁兩　今准部議裁銀壹兩伍錢改解戶部

新進士牌坊銀叁兩叁錢柒分肆釐陸毫

中式舉人牌坊銀伍兩壹錢伍分貳釐伍毫肆絲叄忽叄微叄纖

舊舉人會試盤纏銀陸兩肆錢肆分陸毫柒絲捌忽

本縣儒學廩生貳拾名每名廩糧銀拾貳兩共銀貳百肆拾兩香燭銀肆兩捌錢遇閏加銀陸兩陸錢陸分陸釐陸毫陸絲此項准部議裁叄分之貳應裁銀壹百陸拾兩改解戶部

歲類考試卷銀伍兩此項准部議裁銀貳兩伍錢改解戶部

本縣儒學廩生膳夫貳名共銀肆拾捌兩此項先准部議裁叄分之貳應裁銀叄拾貳兩改解戶部案准部駁全書發開查經費錄內

欽定每學膳夫貳名每名工食銀貳拾兩共銀肆拾兩此
係廩生支領應於款下註明此項多開銀兩改裁
解部等因查縣廩膳夫銀兩已與前項儒學款內
支給餘銀拾陸兩撥補雲龍貳驛缺額馬價抵編
原撥安慶府仍歸
漕項米折銀兩

季考試卷銀貳拾兩此項准部議裁銀
拾兩改解戶部

歲貢生員盤纏銀貳拾兩此項原編銀叁拾兩於順
治玖年該前撫院訂正全
書每貢壹名銀肆拾兩縣學貳年壹貢應編銀
貳拾兩餘銀拾兩撥補雲龍貳驛缺額馬價

應試生員卷資盤費銀玖兩此項准部議裁銀肆
兩伍錢改解戶部

科舉謄錄書手對讀生員等銀壹拾兩叁錢叁分叁
釐叁毫此項准部議裁銀伍兩壹錢陸
分陸釐陸毫伍絲改解戶部

科場考官鹿鳴等宴修理等銀肆兩貳錢陸分伍釐貳毫貳絲叁忽叁微叁纖

本府朝

覲盤費紙張叁年共銀拾貳兩每年徵銀肆兩此項准部議裁叁分之貳應裁銀貳兩陸錢陸分陸釐陸毫陸絲陸忽改解戶部

本縣朝

覲盤纏紙張銀壹拾叁兩陸錢陸分陸釐陸毫此項准部議裁叁分之貳應裁銀玖兩壹錢壹分壹釐肆毫改解戶部

文廟朔望行香講書紙筆墨銀柒兩貳錢此項於順治玖年肆

月會議
全裁

武場供應叁年共銀叁拾兩每年徵銀壹拾兩此項准部議裁銀伍兩改解戶部

學院考試武生供應銀伍兩此項准部議裁銀貳兩伍錢改解戶部

本縣孤貧叁拾貳名每名給柴布銀壹兩共銀叁拾貳兩此項准部議全裁改解戶部

走遞夫壹百柒拾名每名銀柒兩貳錢共銀壹千貳百貳拾肆兩遇閏加銀壹百貳兩

走遞馬叁拾捌匹每匹銀拾捌兩共銀陸百捌拾肆

兩遇閏加銀伍拾柒兩

本縣舖司兵貳拾玖名每名銀陸兩共銀壹百柒拾肆兩遇閏加銀壹拾肆兩伍錢

本縣察院并府館門子壹名銀叁兩遇閏加銀貳錢伍分　此項原編肆名共銀拾貳兩於順治玖年該前撫院訂正全書酌留壹名餘叁名銀玖兩改解

戶部

本縣條折由票紙張銀貳拾壹兩　此項於順治玖年該前撫院訂正全書議裁銀拾伍兩湊給本都院冊房抄案吏紙張工食之用今准部駁全書簽開撫院已有額定經費何得又留銀拾伍兩以作抄案吏紙張工食之用應裁改解戶部

瓜埠巡檢司弓兵拾貳名每名銀柒兩貳錢共銀捌拾陸兩肆錢遇閏加銀叁兩陸錢此項原編弓兵叁拾壹名每名銀柒兩貳錢共銀貳百貳拾叁兩貳錢於順治玖年該前撫院訂正全書每司酌留拾貳名共銀捌拾陸兩肆錢餘銀壹百叁拾陸兩捌錢撥補雲龍貳驛缺額馬價今准部議又裁銀肆拾叁兩貳錢改解

戶部

協濟安慶府倉折色正米陸石壹斗每石折銀伍錢柒分伍釐共銀叁兩伍錢柒釐伍毫火耗銀叁分伍釐柒絲伍忽此項該前撫院撥補雲龍貳驛缺額馬價今准總漕部院　題歸漕項仍給安慶衛官丁行月貳糧

恤刑銀伍兩貳錢伍分捌釐伍絲此項撥補雲龍貳驛缺額馬價

本府抄案農民銀壹拾柒兩柒錢捌分捌釐貳毫肆

絲捌忽此項撥補雲龍貳驛缺額馬價

雲亭驛夫馬銀叁兩此項撥補龍潭驛缺額馬價

寧太道抽取廩糧蔬米銀貳拾叁兩肆錢此項撥補雲龍貳驛

缺額馬價

本府鹽糧銀肆拾貳兩壹錢玖分貳釐此項撥補龍潭驛馬價

本府撥剩銀叁拾壹兩陸錢伍分柒釐陸毫此項原編本府

供應今准部駁全書簽開各府已有額定

經費何得又留撥剩銀兩應裁改解戶部

本縣備用銀貳百兩此項於順治拾叁年玖月內准部議全裁改解

改解戶部

本縣供應過往上司下程小飯中火等銀壹百柒拾壹兩伍錢

以上存縣支給自本縣文廟祭祀起至本縣供應過往下程等項止計叁拾伍款共銀叁千肆百貳拾肆兩玖錢叁分壹釐伍毫壹絲柒忽陸微陸纖內於順治拾叁年玖月內准部議裁府縣應朝考校科場鄉飲桃符生員廩糧膳夫孤貧柴布弓兵工食

本縣備用等項銀伍百壹拾捌兩壹錢肆分肆釐
柒毫壹絲陸忽又准部駁全書簽開應裁本府撥
剩并撫院攺編冊房抄案吏由票等項銀肆拾陸
兩陸錢伍分柒釐陸毫以上貳項附後裁省數内
攺解戶部又該前巡撫部院周　咨明　北部撥
補雲龍貳驛鋏額馬價銀貳百陸拾肆兩肆錢叁
分捌釐貳毫玖絲捌忽已入前項驛站欵内支給
餘銀壹拾兩貳錢附後裁省數内攺解

戶部

實存支給銀貳千伍百捌拾伍兩肆錢玖分玖毫叁
忽陸微陸纖遇閏加銀壹百捌拾肆兩壹分陸釐
陸毫陸絲
本縣解布政司轉解戶部裁剩舊編各衙門俸薪工食等
項銀數
撫院項下應裁冊房寫本吏銀貳拾伍兩叁分柒釐解費
銀肆釐柒毫肆絲
按院項下應裁監生廩糧副本等銀拾貳兩貳錢肆分
本府知府員下獄卒銀貳兩肆錢

本府同知應裁共銀柒兩肆錢叁分伍釐陸毫柒絲

文廟朔望行香并案院門子等銀拾兩貳錢

本縣知縣應裁薪銀拾捌兩肆錢玖分

本縣知縣應裁油燭銀壹拾兩

本縣迎送上司傘扇銀壹拾兩

府縣應朝銀壹拾壹兩柒錢柒分捌釐陸絲陸忽

鄉飲酒席銀捌兩

桃符門神銀壹兩伍錢

本縣儒學廩生廩糧膳夫銀壹百玖拾貳兩

考校科舉修理棚廠花紅工食等銀貳拾玖兩陸錢陸分陸釐陸毫伍絲

本縣備用銀貳百兩

本縣孤貧柴布銀叁拾貳兩

瓜埠巡檢司弓兵銀肆拾叁兩貳錢

本府撥剩銀叁拾壹兩陸錢伍分柒釐陸毫

本縣由票銀改編撫院冊房抄案吏銀拾伍兩

本縣通共總裁銀陸百陸拾兩陸錢肆分玖釐

毫貳絲陸忽改解戶部

外不在丁田派徵

雜辦項下共徵銀玖百玖拾捌兩柒錢伍分柒釐柒
絲陸忽肆微柒纖陸沙柒塵伍渺

商稅出辦

戶部項下

稅課局額辦商稅銀捌拾貳兩玖錢伍分肆釐陸毫

又協濟昌平州銀肆兩伍錢水脚銀肆分伍釐此項

原編額辦商稅銀貳百伍拾兩玖錢玖分貳釐貳毫內撥出銀捌拾貳兩玖錢伍分肆釐陸毫又撥解昌平州銀肆兩伍錢水脚銀肆分伍釐以上貳項俱改解戶部餘銀壹百陸拾叁兩肆錢玖分貳釐陸毫抵解前項

蒼朮馬價銀兩

牧馬草塲出辦

兵部項下

本縣民牧馬草塲田地伍拾貳項陸拾肆畝貳分伍釐貳毫壹絲共徵租銀貳百壹拾陸兩玖錢叁分叁釐貳毫玖絲壹忽

漁戶出辦

工部項下

工部都水司折色黃蔴壹千貳百肆拾貳觔貳兩每觔折價貳分叄釐共銀貳拾捌兩伍錢陸分捌釐捌毫柒絲伍忽鋪墊銀貳錢捌分伍釐陸毫捌絲捌忽柒微伍纖遇閏加蔴叄拾肆觔拾貳兩壹錢該銀柒錢玖分玖釐叄毫玖絲叄忽柒微伍纖內

本縣該折色黃蔴壹百捌觔拾叄兩肆分叄釐陸毫共銀貳兩伍錢貳釐柒毫伍絲壹微柒纖伍沙遇閏加蔴叄觔柒錢壹分伍釐叄毫該銀柒分貳絲

捌忽貳微肆纖叁沙柒塵伍渺
江都縣協濟折色黃蔴叁百捌拾肆觔伍兩貳錢壹
分肆毫共銀捌兩捌錢叁分玖釐肆毫捌絲玖忽
玖微伍纖遇閏加蔴拾觔拾貳兩貳錢捌分該銀
貳錢肆分柒釐陸毫伍絲貳忽伍微
儀真縣協濟折色黃蔴肆百柒拾觔肆兩捌錢玖分
共銀拾兩捌錢壹分柒釐貳絲玖忽叁微柒纖伍
沙遇閏加蔴拾叁觔貳兩伍錢伍分肆釐柒毫該
銀叁錢貳釐陸毫柒絲貳忽叁微捌纖壹沙貳塵

伍渺

泰興縣協濟折色黃蔴柒拾陸觔捌兩貳錢叁分陸釐共銀壹兩柒錢伍分玖釐捌毫叁絲玖忽貳微伍纖遇閏加蔴貳觔貳兩伍分該銀肆分捌釐玖毫肆絲陸忽捌微柒纖伍沙

丹徒縣協濟折色黃蔴貳百貳觔貳兩陸錢貳分共銀肆兩陸錢肆分玖釐柒毫陸絲陸忽貳微伍纖遇閏加蔴伍觔拾兩伍錢該銀壹錢叁分玖絲叁忽柒微伍纖

工部都水司白蔴玖百陸拾觔柒兩遇閏加蔴貳拾
捌觔柒兩柒錢內該分解
本色叁分該蔴貳百捌拾捌觔貳兩壹分每觔原編
價銀叁分共銀捌兩陸錢肆分叁釐玖毫叁絲柒
忽伍微鋪墊銀捌分陸釐肆毫叁絲玖忽叁微柒
纖伍沙遇閏加蔴捌觔捌兩柒錢壹分該銀貳錢
伍分陸釐叁毫叁絲壹忽貳微伍纖內
本縣該蔴貳拾伍觔肆兩壹錢陸分共銀柒錢伍分
柒釐捌毫鋪墊銀柒釐伍毫柒絲捌忽遇閏加蔴

壹拾壹兩玖錢捌分伍釐陸毫陸絲該銀貳分貳

釐肆毫柒絲叁忽壹微壹纖貳沙伍塵

江都縣協濟白麻捌拾玖觔壹兩伍錢壹分伍釐共

銀貳兩陸錢柒分貳釐捌毫肆絲陸微貳纖伍沙

鋪墊銀貳分陸釐柒毫貳絲捌忽肆微陸沙貳塵

伍渺遇閏加麻貳觔拾兩陸錢伍釐肆絲該銀柒

分玖釐捌毫捌絲肆忽肆微伍纖

儀真縣協濟白麻壹百玖觔壹兩肆分陸釐陸毫共

銀叁兩貳錢柒分壹釐玖毫陸絲貳忽叁微柒纖

伍沙鋪墊銀叁分貳釐柒毫壹絲玖忽陸微貳纖
叁沙柒塵伍渺遇閏加蘇叁觔叁兩肆錢壹分玖
釐捌毫該銀玖分陸釐肆毫壹絲貳忽壹微貳纖
伍沙

泰興縣協濟白蘇拾柒觔拾叁兩陸分陸釐肆毫共
銀伍錢叁分肆釐肆毫玖絲玖忽伍微鋪墊銀伍
釐叁毫肆絲肆忽玖微玖纖伍沙遇閏加蘇捌兩
肆錢伍分壹釐捌毫該銀壹分伍釐捌毫肆絲柒
忽壹微貳纖伍沙

丹徒縣協濟白蔴肆拾陸觔拾肆兩叁錢壹分貳釐
共銀壹兩肆錢陸釐捌毫叁絲伍忽鋪墊銀壹分
肆釐陸絲捌忽叁微伍纖遇閏加蔴壹觔陸兩貳
錢肆分柒釐柒毫該銀肆分壹釐柒毫壹絲肆忽
肆微叁纖柒沙伍塵

折色柒分白蔴陸百柒拾貳觔肆兩玖錢每觔折銀叁
分共銀貳拾兩壹錢陸分玖釐壹毫捌絲柒忽伍
微鋪墊銀貳錢壹釐陸毫玖絲壹忽捌微柒纖伍
沙遇閏加蔴壹拾玖觔拾肆兩玖錢玖分該銀伍

錢玖分捌釐壹毫陸忽貳微伍纖内

本縣該折色白蔴伍拾捌觔拾伍兩伍分陸釐共銀壹兩柒錢陸分捌釐貳毫叁絲鋪墊銀壹分柒釐陸毫捌絲貳忽叁微遇閏加蔴壹觔拾壹兩玖錢陸分貳釐該銀伍分貳釐肆毫貳絲捌忽柒微伍纖

江都縣協濟折色白蔴貳百柒觔拾肆兩叁釐叁毫共銀陸兩貳錢叁分陸釐貳毫伍絲陸忽壹微捌纖柒沙伍塵鋪墊銀陸分貳釐叁毫陸絲貳忽伍

微陸纖壹沙捌塵柒渺伍漠遇閏加蔴陸觔貳兩陸錢叁分叁釐該銀壹錢捌分肆釐玖毫叁絲陸忽捌微柒纖伍沙

儀真縣協濟折色白蔴貳百伍拾肆觔拾兩伍錢貳分陸毫共銀柒兩陸錢叁分玖釐柒毫貳絲陸忽壹微貳纖伍沙鋪墊銀柒分陸釐叁毫玖絲柒忽貳微陸纖壹沙貳塵伍渺遇閏加蔴柒觔捌兩捌錢貳分玖釐該銀貳錢貳分陸釐伍毫伍絲肆忽叁微柒纖伍沙

泰興縣協濟折色白蔴肆拾壹觔陸兩捌錢貳分壹毫共銀壹兩貳錢肆分貳釐柒毫捌絲柒忽陸微捌纖柒沙伍塵鋪墊銀壹分貳釐肆毫貳絲柒忽捌微柒纖陸沙捌塵柒渺伍漠遇閏加蔴壹觔叁兩陸錢伍分陸釐該銀叁分陸釐捌毫伍絲伍忽

丹徒縣協濟折色白蔴壹百玖觔陸兩伍錢共銀叁兩貳錢捌分貳釐壹毫捌絲柒忽伍微鋪墊銀叁分貳釐捌毫貳絲壹忽捌微柒纖伍沙遇閏加蔴叁觔叁兩玖錢壹分該銀玖分柒釐叁毫叁絲壹

忽貳微伍纖

工部都水司魚線膠伍拾觔拾貳兩遇閏加膠壹觔伍

兩柒錢內該分解

本色叁分魚線膠壹拾伍觔叁兩叁錢每觔原編價

銀捌分共銀壹兩貳錢壹分陸釐伍毫鋪墊銀壹

分貳釐壹毫陸絲伍忽遇閏加膠陸兩伍錢壹分

該銀叁分貳釐伍毫伍絲內

本縣該膠壹觔伍兩伍錢玖分共銀壹錢柒釐玖毫

伍絲鋪墊銀壹釐柒絲玖忽伍微遇閏加膠伍錢

柒分柒釐玖毫肆絲該銀貳釐捌毫捌絲玖忽柒
微
江都縣協濟魚線膠肆觔拾兩陸錢貳分捌釐共銀
叁錢柒分叁釐壹毫肆絲鋪墊銀叁釐柒毫叁絲
壹忽肆微遇閏加膠壹兩玖錢玖分柒釐陸絲該
銀玖釐玖毫捌絲伍忽叁微
儀真縣協濟魚線膠伍觔拾貳兩伍錢壹分貳釐共
銀肆錢陸分貳釐伍毫陸絲鋪墊銀肆釐陸毫貳
絲伍忽陸微遇閏加膠貳兩肆錢玖分捌釐陸毫

該銀壹分貳釐肆毫玖絲叁忽

泰興縣協濟魚線膠拾肆兩玖錢捌分陸釐共銀柒分肆釐玖毫叁絲鋪墊銀柒毫肆絲玖忽叁微遇閏加膠叁錢叁分柒釐肆毫該銀壹釐陸毫捌絲柒忽

丹徒縣協濟魚線膠貳觔柒兩伍錢捌分肆釐共銀壹錢玖分柒釐玖毫貳絲鋪墊銀壹釐玖毫柒絲玖忽貳微遇閏加膠壹兩玖分玖釐該銀伍釐肆毫玖絲伍忽

折色柒分魚線膠叁拾伍觔柒兩柒錢每觔折價捌
分共該銀貳兩捌錢叁分捌釐伍毫鋪墊銀貳分
捌釐叁毫捌絲伍忽遇閏加膠拾伍兩壹錢玖分
該銀柒分伍釐玖毫伍絲内
本縣該折色魚線膠叁觔壹兩柒錢陸分共銀貳錢
肆分捌釐捌毫鋪墊銀貳釐肆毫捌絲捌忽遇閏
加膠壹兩叁錢壹分貳釐叁毫該銀陸釐陸毫壹
絲壹忽伍微
江都縣協濟折色魚線膠拾觔拾伍兩伍錢貳分陸

釐共銀捌錢柒分柒釐陸毫叁絲鋪墊銀捌釐柒
毫柒絲陸忽叁微遇閏加膠肆兩陸錢玖分捌釐
伍毫該銀貳分叁釐肆毫玖絲貳忽伍微
儀真縣協濟折色魚線膠拾叁觔陸兩肆錢叁分陸
釐共銀壹兩柒分貳釐壹毫捌絲鋪墊銀壹分柒
毫貳絲壹忽捌微遇閏加膠伍兩柒錢伍分柒釐
肆毫該銀貳分捌釐柒毫捌絲柒忽
泰興縣協濟折色魚線膠貳觔叁兩叁錢捌分陸釐
共銀壹錢柒分陸釐玖毫叁絲鋪墊銀壹釐柒毫

陸絲玖忽叁微遇閏加膠玖錢肆分陸釐貳毫該
銀肆釐柒毫叁絲壹忽
丹徒縣協濟折色魚線膠伍觔拾貳兩伍錢玖分貳
釐共銀肆錢陸分貳釐玖毫陸絲鋪墊銀肆釐陸
毫貳絲玖忽陸微遇閏加膠貳兩肆錢陸分伍釐
陸毫該銀壹分貳釐叁毫貳絲捌忽以上本折蔴膠叁項原載
全書瓜埠三汊河泊所蔴料銀陸拾兩捌分貳釐
陸毫伍絲外加鋪墊銀陸錢捌毫貳絲陸忽伍微
遇閏加銀伍兩柒釐伍毫玖絲伍忽外加水脚銀
伍分柒絲伍忽玖微伍纖於順治拾壹年肆月內
准工部咨開覆查冊內開載錢糧項欵數目比本
部印冊皆多寡參差不一從來錢糧有一定之規

似此額數不符完欠最難稽核　請自拾壹年爲始將本折錢粮項欵數目逐一開列頒發該省照數徵解永爲定例遵行在案再查本色白蔴魚線膠貳項先於順治玖年拾月内准戶部咨開已經具　題奉
旨各項本色責成布政司每年於壹兩月之前確查時價據實估定申報督撫咨部查核一面徑行所屬州縣照估定時價徵銀解交藩司遴委職官領銀採買物料裝運解部今新奉
俞旨本色顔料各欵令各屬自行採辦徑解内部已遵行該州縣辦解至隨時增價逐年預先報明另編今將舊編銀數照舊造入其不敷銀兩遵照估定時價辦解

以上工部都水司下本折蔴膠叁欵共銀陸拾貳兩伍分壹釐叁毫柒絲遇閏加銀壹兩柒錢陸分貳

釐叁毫叁絲壹忽貳微伍纖內本縣自徵銀伍兩叁錢捌分伍釐伍毫叁絲壹徵柒纖伍沙鋪墊銀伍分叁釐捌毫伍絲伍忽叁微壹沙柒塵伍渺遇閏加銀壹錢伍分肆釐肆毫叁絲壹忽叁微陸沙貳塵伍渺外江都等肆縣協濟銀伍拾陸兩伍分壹釐肆毫柒絲壹忽捌微貳纖伍沙鋪墊銀伍錢陸分伍毫壹絲肆忽柒微壹纖捌沙貳塵伍渺遇閏加銀壹兩陸錢柒釐捌毫玖絲玖忽玖微肆纖叁沙捌塵伍渺此項各縣協濟自行徵銀辦解赴司掛號解部

匠班出辦

工部輪班人匠貳名每名銀肆錢伍分共銀玖錢水脚銀玖釐此項於順治貳年准部文免編今順治拾伍年陸月貳拾陸日部覆題奉

旨照舊編徵起解

解南省兵餉項下

本縣軍牧馬草場皂河北等圩肆拾叁圩共徵租銀叁百捌拾貳兩貳錢捌分伍釐貳毫內除該和州馬艮丘平自解銀壹拾玖兩伍分本縣實徵銀叁百陸拾叁兩貳錢叁分伍釐貳毫

瓜埠巡檢司額辦正料桅鈔銀叁拾貳兩柒錢陸分陸釐陸毫

餘鈔銀叁拾叁兩陸錢伍分貳釐肆毫此項原編銀捌拾叁兩陸錢伍分貳釐肆毫內撥出銀伍拾兩抵解前項蒼朮馬價銀兩餘銀叁拾叁兩陸錢伍分貳釐肆毫改解戶部充餉

漁課銀壹拾玖兩伍錢貳分陸釐叁毫肆絲遇閏加銀壹兩柒錢捌釐叁毫玖絲此項係江都等肆縣協濟銀兩今奉布政司催解本縣自行徑解內揚州府江都縣銀柒兩貳分陸釐叁毫肆絲遇閏加銀陸錢壹分肆釐捌毫捌絲玖忽儀真縣銀陸兩伍錢遇閏加銀伍錢陸分捌釐陸毫貳絲泰興縣銀壹兩伍錢遇閏加

銀壹錢叁分壹釐貳毫貳絲鎮江府丹徒縣銀肆兩伍錢遇閏加銀叁錢玖分叁釐陸毫陸絲壹忽

學田

本縣學田肆項貳拾伍畝叁絲共徵租銀叁拾壹兩陸錢陸分陸釐柒毫伍絲又清出田塘肆畝玖分玖釐陸毫肆絲此項於順治伍年准學院魏加徵銀壹拾叁兩壹錢陸分貳釐貳毫伍絲舊額新加共銀肆拾肆兩捌錢貳分玖釐照舊催徵聽候　學院支取刊刷考卷及賑濟本縣貧生之用

雜項內減徵寬民欵項

課程

本縣房屋鈔柒拾陸貫貳百文每貫折銀陸毫共銀肆分伍釐柒毫叁絲本色銅錢壹百伍拾貳文肆分

稅課局酒醋鈔貳百叁拾捌貫伍百陸拾文每貫折銀陸毫共銀壹錢肆分叁釐壹毫叁絲陸忽本色銅錢肆百柒拾柒文壹分以上貳項於順治叁年奉　招撫內院洪　訂正經制改編前項南餉項下在於田畝徵解其城布鄉村鋪戶免派

賦役全書　江寧府六合縣

江浦縣

一縣田地大總

原額田地山塘基塲水漾泥灘雜產共貳千叁百玖拾陸項肆拾肆畝壹分伍釐叁絲陸忽貳微內徵田壹千叁百陸拾壹項陸拾貳畝伍分壹釐陸毫柒絲肆忽伍微貳纖叁沙每畝起派本色漕南米叁升玖合柒勺伍抄叁撮貳圭伍粟陸粒貳顆伍黍共徵本色米伍千肆百壹拾貳石玖斗叁合肆勺陸抄肆圭壹粟玖粒貳顆玖黍每畝起派税糧

條鞭弁玖釐地畝銀陸分肆釐柒毫肆絲伍微捌

纖伍沙貳塵貳渺捌漠共徵銀捌千捌百壹拾伍

兩貳錢肆分壹釐貳絲貳微貳纖柒沙陸塵柒渺

叁漠　此項原額徵田壹千叁百柒拾捌頃貳拾玖

畝壹分捌釐叁毫肆絲肆忽伍微貳纖叁沙

內據張家圩災民童朱叚等連名狀告本縣申詳

分守道轉詳蒙巡撫都院張　批據張家圩先年

開熟之田今亦坍沒其原抵祟四之米公議仍歸

衆里完納本圩止納荒糧各復故舊既經該道覆

勘無異如詳行繳等因在案內除張家圩廢荒田

壹拾陸頃陸拾陸畝陸分陸釐陸毫柒絲載入後

款輸納錢糧

外實編前數

張家圩廢荒田壹拾陸頃陸拾陸畝陸分陸釐陸毫

柒絲每畝起派本色漕南米柒合叁勺叁抄肆撮叁圭玖粟貳粒叁顆捌黍共徵本色米壹拾貳石貳斗貳升叁合玖勺捌抄柒撮貳圭玖粟伍粒捌顆每畝起派稅糧條鞭并玖釐地畝銀壹分壹釐玖毫柒絲壹忽陸微壹沙柒塵貳渺貳漠共徵銀壹拾玖兩玖錢伍分貳釐陸毫陸絲玖忽伍微叁纖伍沙伍塵貳渺此項原係徵田內撥出輸納

渰荒田壹拾貳項壹拾柒畝叁分貳釐壹絲壹忽陸微柒纖柒沙每畝起派荒白銀貳分伍釐柒毫共

徵銀叄拾壹兩貳錢捌分伍釐壹毫貳絲柒忽壹

沙

高田壹頃叄拾陸畝壹分捌釐捌毫每畝起派荒白
銀壹分肆釐壹毫貳絲柒忽伍微共徵銀壹兩玖
錢貳分叄釐玖毫玖絲伍忽玖微柒纖

徵地貳百柒拾伍頃陸拾柒畝捌分肆毫玖絲每畝
起派本色漕南米貳升壹合伍勺玖抄柒撮捌圭
陸粟肆粒伍顆伍黍共徵本色米伍百玖拾伍石
肆斗伍合柒勺壹抄陸撮貳圭貳粟捌粒貳顆叄

黍每畝起派稅糧條鞭并玖釐地畝銀叁分伍釐
貳毫伍絲叁忽貳微叁纖壹沙伍塵柒漠共徵銀
玖百柒拾壹兩捌錢伍分肆釐貳毫捌忽貳微捌
纖陸沙貳塵玖渺玖漠
基地貳拾伍頃柒拾柒畝玖分柒釐貳毫捌忽每畝
起派本色漕南米壹升柒合貳勺伍抄肆撮叁圭
叁粟伍粒叁顆貳黍共徵本色米肆拾肆石肆斗
捌升壹合壹勺玖抄肆撮陸圭玖粟柒粒肆顆每
畝起派稅糧條鞭并玖釐地畝銀貳分捌釐壹毫

陸絲叁忽肆微捌纖貳沙叁塵陸渺叁漠共徵銀
柒拾貳兩陸錢壹分壹釐叁毫捌絲叁忽柒微玖
纖壹沙伍塵柒渺玖漠

在鄉基地貳拾柒頃捌拾肆畝伍分柒毫每畝起派
本色漕南米捌合陸勺貳抄柒撮壹圭陸粟柒粒
陸顆陸黍共徵本色米貳拾肆石貳升貳合肆勺
捌撮柒圭叁粟玖粒肆顆肆黍每畝起派稅糧條
鞭并玖釐地畝銀壹分肆釐捌絲壹忽柒微肆纖
壹沙壹塵捌渺壹漠共徵銀叁拾玖兩貳錢叁釐

玖毫玖絲肆忽貳微陸纖肆沙肆塵肆渺肆漠
瘠荒地壹百柒拾頃柒畝每畝起派荒白銀壹分壹
釐柒毫捌絲伍忽玖微貳纖共徵荒白銀貳百兩
肆錢肆分叁釐壹毫肆絲壹忽肆微肆纖
低窪地伍頃壹拾壹畝肆分柒釐玖毫每畝起派荒
白銀陸釐柒毫貳絲共徵荒白銀叁兩肆錢肆分
貳釐貳毫伍絲叁忽陸微柒纖
山壹百柒拾伍頃壹拾玖畝柒分捌釐陸毫每畝起
派本色漕南米柒合叁勺叁抄肆撮叁圭玖粟貳

粒叁顆捌黍共徵本色米壹百貳拾捌石肆斗玖升陸合玖勺捌抄肆撮捌圭玖粟叁粒壹顆柒黍

每畝起派稅糧條鞭并玖釐地畝銀壹分壹釐玖毫柒絲壹忽陸微壹沙柒塵貳渺壹漠共徵銀貳百玖兩柒錢叁分玖釐玖毫貳微叁纖肆沙陸塵壹渺捌漠

荒山壹百陸拾陸頃貳拾陸畝貳分伍釐伍毫肆絲貳忽每畝起派本色漕南米叁合陸勺陸抄柒撮壹圭玖粟陸粒壹顆玖黍共徵本色米陸拾石玖

斗柒升壹合柒勺肆抄伍圭玖粒伍顆伍黍每畝
起派稅糧條鞭并玖釐地畝銀伍釐玖毫捌絲伍
忽捌微捌塵陸渺共徵銀玖拾玖兩伍錢貳分壹
釐肆毫伍絲肆忽貳沙伍塵壹渺捌漠
塘玖拾陸頃壹分捌釐叁毫肆絲每畝起派本色漕
南米壹升肆合伍抄柒撮伍圭捌粟伍粒肆顆共
徵本色米壹百叁拾肆石玖斗伍升伍合叁勺玖
抄柒撮玖圭陸粒柒顆玖黍每畝起派稅糧條鞭
并玖釐地畝銀貳分貳釐玖毫肆絲伍忽伍微陸

織玖沙玖塵陸渺陸漠共徵銀貳百貳拾兩貳錢
捌分壹釐陸毫柒絲玖忽捌微捌纖玖沙陸塵柒
渺貳漠

荒塘肆拾壹頃陸拾伍畝玖釐伍毫每畝起派本色
漕南米柒合貳抄捌撮柒圭玖粟貳粒柒顆共徵
本色米貳拾玖石貳斗柒升伍合伍勺捌抄玖撮
叁圭壹粟叁顆叁黍每畝起派稅糧條鞭并玖釐
地畝銀壹分壹釐肆毫柒絲貳忽柒微捌纖肆沙
玖塵捌渺叁漠共徵銀肆拾柒兩柒錢捌分伍釐

貳毫叁絲玖忽叁微陸纖捌沙肆塵伍渺貳漠
水漾泥灘貳拾壹頃壹畝叁分柒釐陸毫每畝起派
荒白銀叁釐共徵荒白銀陸兩叁錢肆釐壹毫貳
絲捌忽
以上本縣田地山塘基場水漾泥灘各科則不等照
起存錢糧實數驗派共徵稅糧條鞭荒白并玖釐
地畝銀壹萬柒百叁拾玖兩伍錢玖分壹毫玖絲
伍忽陸微捌纖壹沙柒塵柒渺伍漠內除優免鄉
紳舉貢生員吏承等戶銀叁百捌兩柒錢捌分肆

釐貳毫伍絲玖忽壹微柒纖肆沙貳塵陸渺叁漠

照得優免壹項案准部文不免起解各部正供止免存留雜辦差徭錢糧但紳衿雜職間有陞遷事故逐年增減不一今照見在確數開載如有消長該縣預詳院司於每年派糧易知由单内再爲增減報部查考續於順治拾伍年肆月内准部議停免改解戸部

實徵稅糧條鞭荒白并玖釐地畝銀壹萬肆百叁拾兩捌錢伍釐玖毫叁絲陸忽伍微柒沙伍塵壹渺貳漠

實徵本色漕南米陸千肆百肆拾貳石柒斗叁升陸合肆勺捌抄

一縣人丁大總

原額人丁柒千伍百肆拾柒丁　於順治伍年審增人丁叁拾捌丁原額審增共人丁柒千伍百捌拾伍丁每丁壹例徵銀貳錢共徵銀壹千伍百壹拾柒兩內除鄉紳舉貢生員吏承等戶優免人丁肆百肆拾柒丁伍分共免銀捌拾玖兩伍錢於順治拾伍年肆月內准部文止免鄉紳舉貢生員本身壹丁實免銀伍拾壹兩捌錢餘丁并吏承不免銀叁拾柒兩柒錢改解

戶部

實該當差人丁柒千壹百叁拾柒丁伍分共徵銀壹

千肆百貳拾柒兩伍錢

丁田共實徵夏稅秋糧地畝條鞭折色銀壹萬壹千捌百伍拾捌兩叁錢伍釐玖毫叁絲陸忽伍微柒沙伍塵壹渺貳漠

夏稅本色銀肆兩叁錢柒分壹釐捌毫肆絲

秋糧銀壹萬壹千捌百伍拾叁兩玖錢叁分肆釐玖

絲陸忽伍微柒沙伍塵壹渺貳漠

戶部本折銀貳千伍百貳拾壹兩叁錢捌分捌釐捌毫柒絲玖忽叁微貳纖柒沙捌塵貳渺貳漠

禮部折色銀陸拾肆兩貳錢伍分

兵部折色銀壹千肆百叁拾肆兩陸錢壹分伍釐捌毫肆絲

工部折色銀伍拾貳兩叁錢貳分叁釐貳毫

四部本折綱司水脚解費等銀壹百伍拾貳兩玖錢壹分玖釐伍毫肆絲伍忽柒纖玖沙捌塵叁渺肆

漠

輕齎等銀柒百陸兩玖錢壹分壹釐玖絲陸忽捌微

本色蓆木板片等銀玖兩壹錢叁分捌釐叁毫陸絲

改解南省折色銀捌百陸拾玖兩伍錢肆分壹毫柒

絲陸忽

驛站銀壹千貳百柒拾柒兩陸錢壹分伍釐陸毫叁

絲柒忽零捌纖柒沙壹塵

兵餉銀壹百陸拾兩柒錢叁釐陸毫伍絲捌纖叁塵

壹渺伍漠

各衙門銀壹拾捌兩捌錢陸分玖釐伍毫肆絲玖忽
玖微捌纖肆沙
經費銀壹千肆百柒兩貳錢壹分肆釐壹毫叁絲柒
忽陸微
存留支給銀貳千叁百捌拾兩伍錢叁釐捌毫玖絲
叁微叁纖
裁省解部銀捌百零貳兩叁錢壹分壹厘玖毫柒
絲肆忽貳微壹纖捌沙肆塵肆渺壹漠
外優免丁糧貳項解部銀叁百肆拾陸兩肆錢捌分肆釐貳毫伍絲玖忽壹微柒纖肆沙貳塵陸渺叁漠

實徵本色漕南孤貧米陸千肆百肆拾貳石柒斗叁

升陸合肆勺捌抄內

本色漕糧正耗米陸千壹百柒拾玖石玖斗

本色留充本省兵糧米貳百壹拾玖石陸斗叁升陸

合肆勺捌抄

本色存留孤貧米肆拾叁石貳斗

外不在田畝人丁派徵

雜項出辦

兵部牧馬岡地工部班匠解南牧馬草場本縣學田

等項租銀貳百肆拾兩捌錢伍分貳釐玖毫陸絲

貳忽

本縣解布政司轉解四部折色銀數

秋糧折色起運

戶部項下折色

太倉庫米折銀貳兩肆錢肆分叁釐玖毫伍絲伍忽

叁微壹纖水脚銀貳分肆釐肆毫叁絲玖忽伍微

伍纖叁沙壹塵解費銀肆分捌釐捌毫柒絲玖忽

壹微陸沙貳塵此項原額太倉庫折色米肆石柒升叁合貳勺伍抄捌撮捌圭伍粟每石折銀陸錢共銀貳兩肆錢肆分叁釐玖毫伍絲伍忽叁微壹纖水脚銀貳分肆釐肆毫叁絲玖忽伍微伍纖叁沙壹塵解費銀肆分捌釐捌毫柒絲玖忽壹微陸沙貳塵

京庫草折銀叁百捌拾兩柒錢叁分水脚銀叁兩捌錢柒釐叁毫解費銀柒兩陸錢壹分肆釐陸毫此項原額馬草壹萬貳千陸百玖拾壹包每包折銀叁分共銀叁百捌拾兩柒錢叁分水脚銀叁兩捌錢柒釐叁毫解費銀柒兩陸錢壹分肆釐陸毫

玖釐地畝銀貳千壹百叁拾伍兩肆錢肆分貳釐玖

毫貳絲肆忽壹纖柒沙捌塵貳渺貳漠水脚銀貳拾壹兩叁錢伍分肆釐肆毫貳絲玖忽貳微肆纖壹塵柒渺捌漠解費銀肆拾貳兩柒錢捌釐捌毫伍絲捌忽肆微捌纖叁塵伍渺陸漠此項銀兩舊書原未刊載於萬曆末年加添今順治肆年奉

旨照舊徵解

以上戶部自太倉庫米折銀起至玖釐地畝銀止計叁款共銀貳千伍百玖拾肆兩壹錢柒分伍釐叁毫捌絲伍忽柒微柒沙陸塵伍渺陸漠內正銀貳千伍百壹拾捌兩陸錢壹分陸釐捌毫柒絲玖忽叁微貳纖柒沙捌塵貳渺貳漠水脚銀貳拾伍兩壹錢捌

分陸釐壹毫陸絲捌忽柒微玖纖叁沙貳塵柒渺捌漠解費銀伍拾兩叁錢柒分貳釐叁毫叁絲柒忽伍微捌纖陸沙伍塵伍渺陸漠

禮部項下折色

蒼朮銀陸拾肆兩貳錢伍分水脚玖兩捌錢柒分肆釐貳絲柒忽伍微解費壹兩貳錢捌分伍釐此項原解禮部本色

蒼朮貳千伍百柒拾觔每觔價銀柒釐共銀壹拾柒兩玖錢玖分水脚銀壹拾貳兩玖錢伍分叁毫柒絲於萬曆肆拾柒年改折陸百肆拾伍觔每觔折銀貳分伍釐共銀壹拾陸兩壹錢貳分伍釐水脚銀壹錢陸分壹釐貳毫伍絲實徵本色蒼朮壹千玖百貳拾伍觔每觔價銀柒釐共銀壹拾叁兩肆錢柒分伍釐實該本色水脚銀玖兩柒錢壹分貳釐柒毫柒絲柒忽伍微於順治捌年玖月內奉

旨全改折該折色蒼术貳千伍百柒拾觔毎觔折銀貳分

伍釐共銀陸拾肆兩貳錢伍分水脚銀玖兩捌錢

柒分肆釐貳絲柒忽　伍微解費銀壹兩貳錢捌分

伍釐

貼備蒼术藥材顏料使費銀貳拾兩此項原編貼備本色蒼术脚費之用今蒼术准部文改徵折色仍解禮部

以上禮部折色蒼术并貼備藥材顏料使費貳款共

該銀玖拾伍兩肆錢零玖釐貳絲柒忽伍微內正

銀陸拾肆兩貳錢伍分水脚銀貳拾玖兩捌錢柒

分肆釐貳絲柒忽伍微外解費該銀壹兩貳錢捌

分伍釐

兵部項下

折色

備用馬價銀壹千肆百貳拾伍兩水脚銀壹拾肆兩貳錢伍分解費銀貳拾捌兩伍錢此項原編本色馬貳拾匹每匹銀叁拾兩折色馬貳拾柒匹伍分每匹銀貳拾肆兩共銀壹千貳百陸拾兩水脚銀壹拾貳兩陸錢順治貳年間准太僕寺劉　題准俵馬無論本折每匹徵銀叁拾兩除原編外折色馬每匹加銀陸兩共加銀壹百陸拾伍兩原額新增共銀壹千肆百貳拾伍兩水脚銀壹拾肆兩貳錢伍分解費銀貳拾捌兩伍錢

草料銀捌兩肆錢壹分伍釐捌毫肆絲水脚銀捌分

肆釐壹毫伍絲捌忽肆微解費銀壹錢陸分捌釐叁毫壹絲陸忽捌微

太僕寺短班醫獸銀壹兩貳錢水脚銀陸釐解費銀貳分肆釐

以上兵部自備用馬價起至太僕寺短班醫獸止計叁款共銀壹千肆百柒拾柒兩陸錢肆分捌釐叁毫壹絲伍忽貳微內正銀壹千肆百叁拾肆兩陸錢壹分伍釐捌毫肆絲水脚銀壹拾肆兩叁錢肆分壹毫伍絲捌忽肆微解費銀貳拾捌兩陸錢玖分貳釐叁毫壹絲陸忽捌微

工部項下折色

營繕司料價銀伍兩伍錢壹分柒釐肆毫肆絲水脚
銀伍分伍釐壹毫柒絲肆忽肆微解費銀壹錢壹
分叁毫肆絲捌忽捌微

虞衡司料價銀貳兩柒錢伍分捌釐柒毫貳絲水脚
銀貳分柒釐伍毫捌絲柒忽貳微解費銀伍分伍
釐壹毫柒絲肆忽肆微

都水司料價銀肆兩捌錢貳分柒釐柒毫陸絲水脚
銀肆分捌釐貳毫柒絲柒忽陸微解費銀玖分陸
釐伍毫伍絲伍忽貳微

屯田司料價銀肆兩壹錢叁分捌釐捌絲水脚銀肆
分壹釐叁毫捌絲捌微解費銀捌分貳釐柒毫陸
絲壹忽陸微
營繕司甎料銀壹拾柒兩貳錢肆分貳釐水脚銀壹
錢柒分貳釐肆毫貳絲解費銀叁錢肆分肆釐捌
毫肆絲
御用監匠役衣糧銀壹拾柒兩捌錢叁分玖釐貳毫
水脚銀壹錢柒分捌釐叁毫玖絲貳忽解費銀叁
錢伍分陸釐柒毫捌絲肆忽遇閏加銀壹兩肆錢

玖分陸釐叁毫柒絲玖忽伍微此項原編銀壹拾伍兩捌錢貳分伍釐遇閏加銀壹兩叁錢伍分叁釐於順治拾壹年肆月內准工部須發款目册改編前數

以上工部自營繕司料價起至御用監匠役衣糧止

計陸款共銀伍拾叁兩捌錢玖分貳釐捌毫玖絲陸忽遇閏加銀壹兩肆錢玖分陸釐叁毫柒絲玖忽伍微內正銀伍拾貳兩叁錢貳分叁釐貳毫水脚銀伍錢貳分叁釐貳毫叁絲貳忽解費銀壹兩肆分陸釐肆毫陸絲肆忽

本縣解布政司轉解戶部本色絲絹數

夏稅本色起運

戶部項下本色

原解南承運庫今改解京本色壹分貳釐絹叁疋玖分陸釐每疋原編銀柒錢共銀貳兩柒錢柒分貳釐綱司水脚銀壹兩伍錢玖分玖釐捌毫肆絲此項

原編解南庫絲絹叁拾叁疋內本色絹叁疋玖分陸釐每疋原編價銀柒錢共銀貳兩柒錢柒分貳釐綱司水脚銀壹兩伍錢玖分玖釐捌毫肆絲改解北部餘折色絹貳拾玖疋肆釐徵銀載入後項留充本省兵餉數內查此項本色絲絹准部駁全書簽開仍解本色者價值奉

旨照刑書價值開列每年貳月督撫確查時估

題明塡入易知由單內照數徵派委官辦解不許遺累

民

間

以上戶部本色絲絹壹款共銀肆兩叁錢柒分壹釐捌毫肆絲內正銀貳兩柒錢柒分貳釐外綱司水脚銀壹兩伍錢玖分玖釐捌毫肆絲

本縣兌運本色漕糧米數

秋糧本色起運

戶部項下本色

京倉兌運漕糧正兌米叁千肆百玖拾肆石每石加耗肆斗該耗米壹千叁百玖拾柒石陸斗共正耗米肆千捌百玖拾壹石陸斗

改兌漕糧正米玖百玖拾壹石每石加耗叁斗該耗

米貳百玖拾柒石叁斗共正耗米壹千貳百捌拾
捌石叁斗
以上戶部本色漕米共陸千壹百柒拾玖石玖斗
本縣支給運官蓆木銀數
本色叁分蘆蓆銀陸兩柒錢貳分柒釐伍毫
本色叁分楞木松板銀貳兩肆錢壹分捌毫陸絲
本縣解淮安府漕河貳庫輕齎河工銀數
二六輕齎米銀叁拾叁兩陸錢肆分貳釐伍毫水脚
銀叁錢叁分陸釐肆毫貳絲伍忽解費銀陸錢柒

分貳釐捌毫伍絲此項原額銀肆百玖兩叁錢柒分水脚銀肆兩玖分叁釐柒毫內撥出舊額河工銀叁拾肆兩玖錢肆分水脚銀叁錢肆分玖釐肆毫又撥出改派河工銀叁百肆拾兩柒錢捌分柒釐伍毫水脚銀叁兩肆錢柒釐捌毫柒絲伍忽除撥出外實編前數

隨糧壹升蘆蓆米銀壹拾伍兩陸錢玖分柒釐伍毫

解費銀叁錢壹分叁釐玖毫伍絲此項原編銀貳拾貳兩肆錢貳分伍釐內撥出本色叁分銀陸兩柒錢貳分柒釐伍毫給發運官辦解本色實編前數

楞木松板銀伍兩陸錢貳分伍釐叁毫肆絲解費銀

壹錢壹分貳釐伍毫陸忽捌微此項原編銀捌兩叁分陸釐貳毫內撥出本色叁分銀貳兩肆錢壹分捌毫陸絲給發運官辦解本色實編前數

改兌項下貳升變易米銀玖兩玖錢壹分解費銀壹
錢玖分捌釐貳毫
正改兌壹分䈲纜銀肆拾肆兩捌錢伍分水脚銀肆
錢肆分捌釐伍毫解費銀捌錢玖分柒釐
陸升過江米銀壹百陸拾壹兩肆錢陸分以上六項俱解淮安
府漕
庫
舊額河工銀叁拾肆兩玖錢肆分水脚銀叁錢肆分
玖釐肆毫解費銀陸錢玖分捌釐捌毫
輕齎改派河工銀叁百肆拾兩柒錢捌分柒釐伍毫

水脚銀叁兩肆錢柒釐捌毫柒絲伍忽解費銀陸兩捌錢壹分伍釐柒毫伍絲以上貳項原係輕齎數内撥出另解

溜夫工食銀肆拾肆兩捌錢伍分解費銀捌錢玖分柒釐以上叁項徵解淮安府河庫

以上隨漕輕齎河工等項自本色蘆蓆起至溜夫工食止計壹拾壹款共銀柒百壹拾陸兩肆分玖釐肆毫伍絲陸忽捌微内正銀柒百兩玖錢壹釐貳毫水脚銀肆兩伍錢肆分貳釐貳毫解費銀壹拾兩陸錢陸釐伍絲陸忽捌微

本縣解省倉轉給省城兵糧本色米數

原解南各衛倉改解江寧倉水兑平米壹百柒拾壹石伍斗玖升壹合每石加耗貳斗船錢叁升盤用伍升共貳斗捌升該耗米肆拾捌石肆升伍合肆勺捌抄共正耗米貳百壹拾玖石陸斗叁升陸合肆勺捌抄此項正耗米石坐派本省各衛官丁行月貳糧

本縣存留本色米數

養濟院孤貧壹拾貳名口每名口給本色米叁石陸斗共米肆拾叁石貳斗遇閏加米叁石陸斗

本縣解布政司留充本省兵餉等項支用銀數

稅糧起運

戶屬項下改充南餉

各衛倉麥折銀肆百玖拾陸兩肆錢水脚銀貳兩肆錢捌分貳釐解費銀玖兩玖錢貳分捌釐此項原額折色正麥壹千貳百肆拾壹石每石折銀肆錢共銀肆百玖拾陸兩肆錢水脚銀貳兩肆錢捌分貳釐解費銀玖兩玖錢貳分捌釐

庫絲絹折銀貳拾兩叁錢貳分捌釐水脚銀貳錢叁釐貳毫捌絲解費銀肆錢陸釐伍毫陸絲此項原額折色捌分捌釐絹貳拾玖疋肆釐每疋折銀柒錢共銀貳拾兩叁錢貳分捌釐水脚銀貳錢叁釐貳毫捌

絲解費銀肆錢
陸釐伍毫陸絲

定場草折銀肆拾肆兩貳錢陸分貳釐水脚銀貳錢
貳分壹釐叁毫壹絲解費銀捌錢捌分伍釐貳毫
肆絲此項原額馬草貳千肆百伍拾玖包每包折
銀壹分捌釐共銀肆拾肆兩貳錢陸分貳釐
水脚銀貳錢貳分壹釐叁毫壹絲
解費銀捌錢捌分伍釐貳毫肆絲

均徭起運

戶屬項下改充南餉

房屋鈔銀壹兩伍錢伍分壹釐叁毫解費銀叁分壹
釐貳絲陸忽

酒醋鈔銀捌錢柒分肆釐貳毫解費銀壹分柒釐肆

毫捌絲肆忽

廣惠庫銅錢捌萬貳拾柒文解費錢壹千陸百文

浦子口分司柴炭銀壹拾貳兩解費銀貳錢肆分

浦子口分司門皂銀叁拾壹兩捌錢解費銀陸錢叁

分陸釐

兵屬項下攺充南餉

各道門皂銀叁拾肆兩捌錢解費銀陸錢玖分陸釐

太僕寺醫獸銀壹拾陸兩捌錢解費銀叁錢叁分陸

釐
寧太道公費什物銀壹拾玖兩叁錢陸分叁釐捌毫
解費銀叁錢捌分柒釐貳毫柒絲陸忽
寧太道皂隸銀壹拾肆兩肆錢解費銀貳錢捌分捌
釐
寧太道民壯銀陸拾肆兩捌錢解費銀壹兩貳錢玖
分陸釐
寧太道水手銀肆兩貳錢叁分伍釐解費銀捌分肆
釐柒毫

上司操練民兵花紅銀捌兩解費銀壹錢陸分

以上留充本省兵餉自各衛倉麥折起至上司操練民兵花紅止計壹拾伍款共銀捌百陸拾玖兩伍錢肆分壹毫柒絲陸忽內正銀捌百肆拾玖兩陸錢肆分壹釐叁毫水脚銀貳兩玖錢陸釐伍毫玖絲解費銀壹拾陸兩玖錢玖分貳釐貳毫捌絲陸忽

本縣解給驛站協濟銀數

驛站

江淮驛驢叄頭每頭銀貳拾壹兩共銀陸拾叄兩遇閏加銀伍兩貳錢伍分

江淮驛騾價銀貳百柒拾叁兩捌錢內江都寶應貳縣抵解銀柒拾肆兩叁錢本驛實編銀壹百玖拾玖兩伍錢遇閏加銀壹拾陸兩陸錢貳分伍釐此項原編銀貳百柒拾叁兩捌錢內除銀柒拾肆兩叁錢在於江都寶應貳縣原編東葛驛馬價銀內抵解實編銀壹百玖拾玖兩伍錢其銀柒拾肆兩叁錢　詳明仍撥抵本驛不敷馬價已入後款數內

江淮驛馬價銀貳百肆拾肆兩又海防抵給銀叁百肆拾兩玖錢捌分柒釐叁毫捌絲玖忽捌纖柒沙壹塵貳項共銀伍百捌拾肆兩玖錢捌分柒釐叁毫捌絲玖忽捌纖柒沙壹塵遇閏加銀肆拾捌兩

柒錢肆分捌釐玖毫肆絲

江寧驛操馬改抵馬價銀玖拾兩遇閏加銀柒兩伍錢

滁州大柳樹驛中馬壹匹銀叁拾捌兩下馬壹匹銀叁拾伍兩叁錢叁分驢壹頭銀貳拾壹兩共銀玖拾肆兩叁錢叁分此項銀兩已詳允將江都寶應貳縣原議東葛驛馬價今改本縣協濟夫銀內扣玖拾肆兩叁錢叁分抵給大柳樹驛馬價銀本縣徑將前銀給散走遞夫工食其長夫銀兩在本縣平米驗派其銀　詳明仍撥抵東葛驛不敷馬價已入後款數內

協濟龍潭驛缺額馬價等項該銀玖拾玖兩柒錢玖

分貳釐貳毫肆絲捌忽遇閏加銀捌兩叁錢壹分
陸釐貳絲又奉
部文撥給抵兒浙省馬價銀壹拾壹兩伍錢叁分
陸釐遇閏加銀玖錢陸分壹釐叁毫叁絲貳項共
銀壹百壹拾壹兩叁錢貳分捌釐貳毫肆絲捌忽
閏月銀玖兩貳錢柒分柒釐叁毫伍絲
東葛驛馬價奉江南總督部院馬　咨部覆准　撥
給抵兒浙省馬價銀貳拾貳兩陸錢遇閏加銀壹
兩捌錢捌分叁釐叁毫叁絲正閏共銀貳拾肆兩

肆錢捌分叁釐叁毫叁絲

江淮驛撥給抵兑浙省馬價銀貳百陸兩貳錢

遇閏加銀壹拾柒兩壹錢捌分叁釐叁毫叁絲正

閏共銀貳百貳拾叁兩叁錢捌分叁釐叁毫叁

絲

以上驛站自江淮驛驢價起至江淮驛撥抵不敷馬

價止計玖款共銀壹千貳百柒拾柒兩陸錢壹分

伍釐陸毫叁絲柒忽零捌纖柒沙壹塵遇閏加銀

壹百零陸兩肆錢陸分柒釐玖毫伍絲

本縣解漕操二院兵餉銀數

均徭

漕標兵餉項下

池陽兵餉銀貳拾貳兩肆錢肆分貳釐伍毫捌絲伍忽肆微肆纖肆沙貳塵壹渺水脚銀壹錢壹分貳釐貳毫壹絲貳忽玖微貳纖柒沙貳塵貳渺壹漠解費銀肆錢肆分捌釐捌毫伍絲壹忽柒微捌沙捌塵捌渺肆漠

此項原解池州府聽候操院動支給池陽鎮兵餉今池陽鎮改歸池陽營其銀改解淮安府聽候漕撫動支給散江北營兵餉

操院兵餉項下

操院兵餉銀壹百兩加編銀叁拾伍兩解費銀貳兩柒錢遇閏加銀貳拾壹兩叁錢叁分叁釐叁毫肆絲

以上兵餉漕操二款共銀壹百陸拾兩柒錢叁釐陸毫伍絲捌纖叁塵壹渺伍漠遇閏加銀貳拾壹兩叁錢叁分叁釐叁毫叁絲內正銀壹百伍拾柒兩肆錢肆分貳釐伍毫捌絲伍忽肆微肆纖肆沙貳塵壹渺水脚銀壹錢壹分貳釐貳毫壹絲貳忽玖微貳纖柒沙貳塵貳渺壹漠解費銀叁兩壹錢肆分捌釐捌毫伍絲壹忽柒微捌沙捌塵捌渺肆漠

本縣解各衙門銀數

均徭

撫院項下原編供應銀叁拾兩捌錢此項銀兩已抵經費外餘剩應裁解部

撫院項下册房寫本吏銀貳錢伍分解費銀伍釐此項准部駁全書簽開撫院已有額派書吏廩給銀兩何得又設此項寫本吏應裁改解戶部充餉

按院廩給監生廩糧副本等銀壹拾兩新增心紅銀貳兩水脚銀肆分解費銀貳錢肆分照數解院如停差解部充餉

學院供應銀肆兩捌錢伍分柒釐伍毫叁絲玖忽貳
微加編銀叁兩捌錢捌分陸釐水脚銀壹分玖釐
肆毫肆絲解費銀壹錢柒分肆釐捌毫柒絲柒微
捌纖肆沙遇閏加銀柒錢貳分捌釐陸毫叁絲
協濟蘇松學院供應銀壹兩伍錢
漕院項下邳州供應銀壹兩壹錢伍分伍釐
江南布政司曆日銀伍兩伍錢水脚銀壹錢壹分
江南布政司朝
覲路費紙張叁年共銀伍兩每年徵銀壹兩陸錢陸分陸

釐柒毫

以上解各衙門自撫院供應起至布政司朝

覲銀止計捌款共銀陸拾貳兩貳錢肆釐伍毫肆絲玖忽

玖微捌纖肆沙内於順治肆年肆月内准

部須經費錄將撫院項下供應抵除經費外餘剩

銀叁拾兩捌錢免派於民又於順治玖年該前任

巡撫部院訂正全書將前銀解部充餉又准

部駁全書發開應裁撫院寫本吏銀貳錢伍分伍

釐又裁按院監生廩糧副本等銀壹拾貳兩貳錢

捌分以上三項共裁銀肆拾叁兩叁錢叁分伍釐

附後裁省數内改解戸部

實解各衙門銀壹拾捌兩捌錢陸分玖釐伍毫肆絲

玖忽玖微捌纖肆沙遇閏加銀柒錢貳分捌釐陸

毫叁絲

本縣解給府縣各員俸薪衙役工食銀數

本府同知員下分派本縣

修宅家伙銀捌兩捌錢壹分陸釐陸毫柒絲於順治拾貳年肆月内准部議全裁改解戸部

本府通判員下分派本縣

俸銀貳拾壹兩捌錢貳分陸釐遇閏加銀壹兩捌錢

壹分捌釐捌毫柒絲

都稅等司大使員下分派本縣

俸銀壹兩捌錢玖分肆釐伍毫陸絲遇閏加銀壹錢

伍分柒釐捌毫捌絲

江東秣陵江淮叁司巡檢員下分派本縣

俸銀伍拾捌兩伍錢陸分遇閏加銀肆兩捌錢捌分

龍江江東金陵叁驛驛丞員下分派本縣

俸銀叁拾陸兩柒錢叁分叁釐伍毫柒絲柒忽陸微

遇閏加銀叁兩陸分壹釐壹毫叁絲

本縣知縣員下照經費新編

俸銀肆拾伍兩遇閏加銀叁兩柒錢伍分經制原編俸銀貳拾柒兩肆錢玖分於順治拾叁年玖月內准部覆題定將新銀壹拾柒兩伍錢壹分添入以足前數

薪銀壹拾捌兩肆錢玖分經制原編薪銀叁拾陸兩內撥出銀壹拾柒兩伍錢壹分添入俸內餘銀壹拾捌兩肆錢玖分改解戶部

心紅紙張銀貳拾兩遇閏加銀壹兩陸錢陸分陸釐

陸毫柒絲經制原編心紅紙張油燭銀叁拾兩於順治拾叁年玖月內准部議裁油燭銀

壹拾兩改
解戶部
修宅家伙銀貳拾兩於順治玖年肆月會議全裁今
撥給江淮東葛貳驛抵兌浙省
馬價
銀兩
迎送上司傘扇銀壹拾兩此項於順治拾貳年肆月
內裁銀捌兩續於順治拾
叁年玖月內准部
議全裁改解戶部
書辦壹拾貳名每名銀陸兩共銀柒拾貳兩遇閏加
銀陸兩經制原每名銀壹拾兩捌錢今每名裁銀
肆兩捌錢共裁銀伍拾柒兩陸錢撥給江
淮東葛貳驛抵
兌浙省馬價
門子貳名每名銀陸兩共銀壹拾貳兩遇閏加銀壹

兩經制原每名銀柒兩貳錢今每名裁銀壹兩貳錢共裁銀貳兩肆錢撥給江淮東葛貳驛抵兌浙省
馬價

皂隸壹拾陸名每名銀陸兩共銀玖拾陸兩遇閏加銀捌兩經制原每名銀柒兩貳錢今每名裁銀壹兩貳錢共裁銀壹拾玖兩貳錢撥給江淮東葛貳驛抵兌浙省馬價

馬快捌名每名連草料銀壹拾陸兩捌錢共銀壹百叁拾肆兩肆錢遇閏加銀壹拾壹兩貳錢經制原每名工食并草料銀壹拾捌兩案准總督部院馬咨准戶部咨開除每名歲支草料銀壹拾兩捌錢工食銀柒兩貳錢今每名止裁工食銀壹兩貳錢共裁銀玖兩陸錢撥給江淮東葛貳驛抵兌浙省馬價

民壯伍拾名每名銀陸兩共銀叁百兩遇閏加銀貳拾伍兩經制原每名銀柒兩貳錢今每名裁銀壹兩貳錢共裁銀陸拾兩撥給江淮東葛貳驛抵兌浙省馬價

燈籠夫肆名每名銀陸兩共銀貳拾肆兩遇閏加銀貳兩經制原每名銀柒兩貳錢今每名裁銀壹兩貳錢共裁銀肆兩捌錢撥給江淮東葛貳驛抵兌浙省馬價

看監禁卒捌名每名銀陸兩共銀肆拾捌兩遇閏加銀肆兩經制原每名銀柒兩貳錢今每名裁銀壹兩貳錢共裁銀玖兩陸錢撥給江淮東葛貳驛抵兌浙省馬價

修理倉監銀貳拾兩

轎傘扇夫柒名每名銀陸兩共銀肆拾貳兩遇閏加銀叁兩伍錢經制原每名銀柒兩貳錢今每名裁銀壹兩貳錢共裁銀捌兩肆錢撥給江淮東葛貳驛抵兌浙省馬價

皁書壹名銀陸兩遇閏加銀伍錢經制原編銀壹拾貳兩今裁銀陸兩撥給江淮東葛貳驛抵兌浙省馬價

倉書壹名銀陸兩遇閏加銀伍錢經制原編銀壹拾貳兩今裁銀陸兩撥給江淮東葛貳驛抵兌浙省馬價

庫子肆名每名銀陸兩共銀貳拾肆兩遇閏加銀貳

兩經制原每名銀柒兩貳錢今每名裁銀壹兩貳
錢共裁銀肆兩捌錢撥給江淮東葛貳驛抵兌
浙省
馬價

斗級肆名每名銀陸兩共銀貳拾肆兩遇閏加銀貳
兩經制原每名銀柒兩貳錢今每名裁銀壹兩貳
錢共裁銀肆兩捌錢撥給江淮東葛貳驛抵兌
浙省
馬價

本縣典史員下照經費新編

俸銀叁拾壹兩伍錢貳分遇閏加銀貳兩陸錢貳分
陸釐陸毫陸絲經制原編俸銀壹拾玖兩伍錢貳
分於順治拾叁年玖月内准部覆
題定將薪銀壹拾貳兩添
入俸銀以足前數

書辦壹名銀陸兩遇閏加銀伍錢經制原編銀柒兩貳錢今裁銀壹兩
貳錢撥給江淮東葛
貳驛抵兌浙省馬價

門子壹名銀陸兩遇閏加銀伍錢經制原編銀柒兩貳錢今裁銀壹兩
貳錢撥給江淮東葛
貳驛抵兌浙省馬價

皁隸肆名每名銀陸兩共銀貳拾肆兩遇閏加銀貳
兩經制原每名銀柒兩貳錢今每名裁銀壹兩貳錢共裁銀肆兩捌錢撥給江淮東葛貳驛抵兌
浙省馬價

馬夫壹名銀陸兩遇閏加銀伍錢經制原編銀柒兩貳錢今裁銀壹兩
貳錢撥給江淮東葛
貳驛抵兌浙省馬價

江淮東葛貳驛驛丞貳員下照經費新編

俸銀各叁拾壹兩伍錢貳分共銀陸拾叁兩肆分遇
閏加銀伍兩貳錢伍分叁釐叁毫叁絲　經制每員原編俸銀
壹拾玖兩伍錢貳分於順治拾叁年玖月准部覆
題定每員將原編薪銀壹拾貳兩添入俸銀以足前數

書辦各壹名每名銀陸兩共銀壹拾貳兩遇閏加銀
壹兩　經制原每名銀柒兩貳錢今每名裁銀壹兩貳錢共裁銀貳兩肆錢撥給江淮東葛貳驛
抵兌浙
省馬價

皂隷各貳名每名銀陸兩共銀貳拾肆兩遇閏加銀
貳兩　經制原每名銀柒兩貳錢今每名裁銀壹兩貳錢共裁銀肆兩捌錢撥給江淮東葛貳驛

抵兌浙
省馬價

本縣儒學敎諭壹員訓導壹員俱照經費新編
俸銀各叁拾壹兩伍錢貳分共銀陸拾叁兩肆分遇
閏加銀伍兩貳錢伍分叁釐叁毫叁絲經制每員原編俸銀壹拾玖兩伍錢貳分於順治拾叁年玖月内准部覆　題定將每員原編薪銀壹拾貳兩添入俸銀以足前數

齋夫陸名每名銀壹拾貳兩共銀柒拾貳兩遇閏加
銀陸兩

門子伍名每名銀柒兩貳錢共銀叁拾陸兩遇閏加

銀叁兩
學書壹名銀柒兩貳錢遇閏加銀陸錢
教官貳員喂馬草料銀各壹拾貳兩共銀貳拾肆兩
遇閏加銀貳兩
本縣廩生膳夫貳名每名銀貳拾兩共銀肆拾兩遇
閏加銀叁兩叁錢叁分叁釐叁毫叁絲　查此項案准戶部咨
開膳夫每學貳名共銀肆拾兩經費錄開載甚明
此指縣學廩生貳拾名爲言也如州廩叁拾名應
支銀陸拾兩府廩肆拾名應支銀捌拾兩自當按
數遞增載入全書至於教官從無支膳銀之例難
以准從等因在案查縣廩貳拾名每名銀
貳兩共銀肆拾兩相應註明照數支給

以上自本府同知修宅家伙起至本縣廩生膳夫止

計叁拾柒款共銀壹千陸百捌拾叁兩叁錢貳分

捌毫柒忽陸微內於順治玖年肆月內會議裁扣

本縣修宅家伙并衙役工食等項銀貳百貳拾捌

兩捌錢又於順治拾貳年肆月會議裁扣本府同

知修宅家伙并本縣迎送上司傘扇銀壹拾陸兩

捌錢壹分陸釐陸毫柒絲又於順治拾叁年玖月

內准部覆

題定照滿官對品支俸應裁知縣薪銀并油燭傘扇等

銀叁拾兩肆錢玖分以上叁項共裁銀貳百柒拾
陸兩壹錢陸釐陸毫柒絲内於順治拾年閏陸月
内准江南總督部院馬　題爲調劑驛困永除民
艱事部覆准撥給江淮東葛貳驛抵充浙省協濟
馬價銀貳百貳拾捌兩捌錢已入前項驛站款内
除撥給外實裁銀肆拾柒兩叁錢陸釐陸毫柒絲
附後裁省數内改解户部
實存支給銀壹千肆百柒兩貳錢壹分肆釐壹毫叁
絲柒忽陸微遇閏加銀壹百壹拾伍兩陸錢壹釐

貳毫

本縣存留照舊支解銀數

文廟啓聖鄉賢山川社稷邑厲等壇祠祭祀銀玖拾
捌兩　查此項於順治肆年該前撫院訂正經制議
載壹半銀肆拾玖兩免派於民今准部駁全
書簽開文廟等祭祀銀兩此係向未額編爲數無
幾何得免編應照舊編用等因在案遵照數徵給
祭祀之用內分給　文廟銀叁拾捌兩貳錢　啓
聖祠銀伍兩捌錢　鄉賢名宦祠銀捌兩伍錢肆
分　山川壇銀壹拾貳兩柒錢陸分　社稷壇銀
玖兩伍錢　土地祠銀貳兩捌錢　馬神廟銀貳
兩肆錢　邑厲
壇銀壹拾捌兩

鄉飲酒席銀壹拾陸兩　此項原編銀貳拾兩內先裁
銀肆兩撥補雲龍貳驛缺額

馬價今又准部議裁銀捌兩改解戶部

桃符門神銀叁兩今准部議裁銀壹兩伍錢改解戶部

本縣儒學廩生貳拾名每名廩糧銀壹拾貳兩共銀貳百肆拾兩外香燭銀肆兩捌錢遇閏加銀陸兩陸錢陸分陸釐陸毫陸絲此項准部議裁叁分之貳應裁銀壹百陸拾兩改解戶部充餉

本縣儒學廩生膳夫貳名共銀肆拾捌兩此項先准部議裁叁分之貳應裁銀叁拾貳兩改解戶部案准部駁全書發開查經費錄內

欽定每學膳夫貳名每名工食銀貳拾兩共銀肆拾兩此係廩生支領應於欵下註明此項多開銀兩改裁

解部等因查縣廪膳夫銀兩已與前項儒學欵内
支給餘銀壹拾陸兩撥給龍潭驛抵兌浙省馬價
銀壹拾壹兩伍錢叁分陸釐又撥補龍潭驛缺額
馬價銀肆兩肆錢陸分肆釐抵編原撥安慶府仍
歸漕項米
折銀兩
歲頒考試卷銀陸兩陸錢陸分陸釐陸毫陸絲此項准部
議裁銀叁兩叁錢叁分叁釐叁毫叁絲改解戶部
科舉考官鹿鳴等宴銀肆兩玖錢陸分叁釐陸毫玖
絲叁忽
科舉謄錄書手對讀生員等銀壹拾壹兩此項准部議裁銀伍
兩伍錢改解戶部

歲貢生員盤纏銀貳拾兩此項原編銀叁拾兩於順治玖年該前撫院訂正全書每貢壹名銀肆拾兩縣學貳年壹貢應編銀貳拾兩餘銀壹拾兩撥補雲龍貳驛缺額馬價

舊舉人會試盤纏銀陸兩肆錢肆分陸毫捌絲

應試生員盤纏卷資銀玖兩伍錢此項准部議裁銀肆兩柒錢伍分改解戶部

本府朝
覲路費紙張叁年共銀壹拾貳兩每年徵銀肆兩此項准部議裁叁分之貳應裁銀貳兩陸錢陸分陸釐陸毫陸絲陸忽改解戶部

本縣朝

覲路費紙張銀叁拾陸兩叁錢叁分叁釐叁毫此項准部議裁叁分之貳應裁銀貳拾肆兩貳錢貳分貳釐貳毫改解戶部

中式舉人牌坊銀伍兩壹錢伍分貳釐伍毫肆絲叁忽叁微叁纖

本縣孤貧壹拾貳名每名給柴布銀壹兩共銀壹拾貳兩此項准部議全裁解部充餉

季考試卷銀壹拾肆兩此項准部議裁銀柒兩改解戶部

文廟行香講書紙筆墨銀柒兩貳錢此項於順治玖年肆月內會議全裁解部

學院考試武生供應銀伍兩此項准部議裁銀貳兩伍錢改解戶部

武場供應叁年共銀叁拾兩每年徵銀壹拾兩此項准部議裁銀伍兩改解戶部

本縣走遞夫壹百肆拾名皂隸叁拾名俱每名銀柒兩貳錢共銀壹千貳百貳拾肆兩遇閏加銀壹百貳兩

本縣舖司兵叁拾柒名每名銀伍兩共銀壹百捌拾伍兩遇閏加銀壹拾伍兩肆錢壹分陸釐陸毫柒絲

沿江墩臺肆座每墩看墩夫叁名共壹拾貳名每名銀伍兩共銀陸拾兩遇閏加銀伍兩

本縣墩臺捌座看墩夫貳拾肆名每名銀叁兩外隨操守城墩夫叁拾名每名銀伍兩叁錢捌分陸釐叁毫共銀貳百叁拾叁兩伍錢捌分玖釐此項原編隨操墩夫伍拾壹名每名銀叁兩陸錢共銀壹百捌拾叁兩陸錢遇閏加銀壹拾伍兩叁錢餘銀肆拾玖兩玖錢捌分玖釐改解戶部充餉實編銀壹百捌拾叁兩陸錢遇閏加銀壹拾伍兩叁錢

本縣吹鼓手壹拾捌名每名銀柒兩貳錢共銀壹百

貳拾玖兩陸錢遇閏加銀壹拾兩捌錢

浦子口西門館門子壹名銀叁兩遇閏加銀貳錢伍分

東葛館門子壹名銀叁兩遇閏加銀貳錢伍分

本縣徵收條折簿籍由票銀陸兩

本府抄案農民銀壹拾柒兩柒錢捌分捌釐貳毫肆

絲捌忽此項撥補雲龍貳驛缺額馬價

協濟安慶府倉折色正米壹拾柒石捌升每石折銀

伍錢柒分伍釐共銀玖兩捌錢貳分壹釐火耗銀

玖分捌釐貳毫壹絲此項先該前巡撫部院撥補雲龍貳驛缺額馬價今准總

漕部院

題歸漕項仍給安慶衛官丁行月貳糧

雲亭驛夫馬銀貳兩伍錢此項撥補雲龍貳驛缺額馬價

滁州大柳樹驛中下馬貳匹驢壹頭共銀玖拾肆兩叁錢叁分此項已有江都寶應貳縣協濟似屬重設應裁解部充餉

扣裁江淮驛騾價餘銀柒拾肆兩叁錢此項已有江都寶應貳縣協濟似屬重設應裁充餉

本縣察院門子貳名每名銀叁兩共銀陸兩遇閏加

銀伍錢此項原編門子叁名共銀玖兩於順治玖年該前撫院訂正全書酌留貳名銀陸兩餘壹名銀叁兩解部充餉

本府鹽糧銀肆拾壹兩肆分此項撥補雲龍貳驛缺額馬價

本府撥剩銀壹拾肆兩叁錢柒分玖釐壹毫捌忽貳微壹纖捌沙肆塵肆渺壹漠此項原編本府供應今准部駁全書簽開各府已有額定經費何得又留撥剩銀兩應裁改解戶部

本縣備用銀貳百兩此項於順治拾叁年玖月內准部議全裁改解戶部充餉

本縣供應過往上司下程小飯中火等銀叁百兩此項原編銀叁百貳拾兩於順治玖年該前撫院訂正全書議裁銀貳拾兩撥補雲龍貳驛缺額馬價

以上存縣支給自文廟等祠祭祀起至本縣供應過往上司止計叁拾柒欵共銀叁千貳百叁兩伍錢貳釐肆毫肆絲貳忽伍微肆纖捌沙肆塵肆渺壹漠内於順治拾叁年玖月内准部議裁府縣應

朝考校科舉鄉飲桃符生員廩糧膳夫孤貧柴布本縣備用等項銀肆百陸拾捌兩肆錢柒分貳釐壹毫玖絲陸忽又准部撥全書簽開應裁本府撥剩銀壹拾肆兩叁錢柒分玖釐壹毫捌忽貳微壹纖捌沙肆塵肆渺壹漠以上貳項附後裁省數内攺解

戸部又該前巡撫部院周　咨明北部准撥補雲龍貳驛缺額馬價銀玖拾玖兩柒錢玖分貳釐貳毫肆絲捌忽又撥給龍潭驛抵兌浙省協濟馬價銀壹拾壹兩伍錢叁分陸釐以上貳項已入前項驛站欵內餘銀貳百貳拾捌兩捌錢壹分玖釐改

解戸部

實存支給銀貳千叁百捌拾兩伍錢叁釐捌毫玖絲叁微叁纖遇閏加銀壹百伍拾陸兩壹錢捌分叁釐叁毫叁絲

本縣解布政司轉解戶部裁剩舊編各衙門俸薪工食等

項銀數

撫院項下應裁冊房寫本吏銀叁拾壹兩伍分解費

銀伍釐

按院項下如停差應扣監生廪粮副本等銀壹拾貳

兩水脚解費銀貳錢捌分

本府同知應裁修宅家伙銀捌兩捌錢壹分陸釐陸

毫柒絲

本縣知縣應裁薪銀叁拾捌兩肆錢玖分

文廟朔望行香幷察院門子銀拾兩貳錢

江淮大栁樹貳驛幷看墩夫叁項共銀貳百壹拾捌兩陸錢壹分玖釐

府縣應

朝銀貳拾陸兩捌錢捌分捌釐捌毫陸絲陸忽

鄉飲酒席銀捌兩

桃符門神銀壹兩伍錢

本縣儒學生員廩粮膳夫銀壹百玖拾貳兩

考校科舉修理棚厰花紅工食等銀貳拾捌兩捌分

叁釐叁毫叁絲

本縣備用銀貳百兩

本縣賑貧柴布銀壹拾貳兩

本府撥剩銀壹拾肆兩叁錢柒分玖釐壹毫捌忽貳微壹纖捌沙肆塵肆渺壹漠

本縣通共總裁銀捌百零貳兩叁錢壹分壹釐玖毫柒絲肆忽貳微壹纖捌沙肆塵肆渺壹漠內按院銀兩差出仍照數起解

外不在丁田派徵

雜辦項下共徵銀貳百肆拾兩捌錢伍分貳釐玖毫陸

絲貳忽

兵部項下

本縣民牧馬草塲田地壹拾陸頃陸拾畝柒分捌釐

壹毫柒絲共徵租銀肆拾叁兩伍錢叁釐肆毫叁

絲肆忽水脚銀肆錢叁分陸釐此項原編租銀肆拾壹兩捌分陸釐

陸毫叁絲肆忽於順治叁年拾月初三日據馬政

道盧僉事新增租銀貳兩肆錢壹分陸釐捌毫原

額新增共銀肆拾叁兩伍錢叁釐肆

毫叁絲肆忽水脚銀肆錢叁分陸釐

工部項下

工部輪班人匠捌名每名銀肆錢伍分共銀叁兩陸錢水脚銀叁分陸釐此項於順治貳年准部文免派續於順治拾伍年陸月內奉
旨照舊徵解

解南省兵餉項下

本縣軍牧馬草場田地溝灘叁拾壹頃叁拾貳畝玖分壹釐捌毫柒絲叁忽伍微肆纖陸沙共徵租銀壹百壹拾叁兩玖分陸釐此項原解兵部改解本省兵餉原額田地溝灘共叁拾柒頃柒拾玖畝肆分玖釐陸毫貳絲伍忽徵租銀壹百貳拾捌兩貳錢伍分伍釐貳毫玖絲

捌忽陸微壹纖內陸續還過錦衣旗手金吾等衛納租田地溝灘陸頃肆拾陸畝伍分柒釐柒毫伍絲壹忽肆微伍纖肆沙共租銀壹拾伍兩壹錢伍分玖釐貳毫玖絲捌忽陸微壹纖實編前數

學田

本縣學田伍拾壹畝貳分壹釐捌毫壹絲共徵租銀壹拾叁兩玖分又清出東龍塘等處田捌項叁拾畝原徵租稻叁百陸拾石此項於萬曆肆拾陸年據寧太道呈詳學按貳院減除高崗荒白田租外實徵租稻叁百叁拾伍石肆斗伍升柒合陸勺肆抄每石折銀貳錢共銀陸拾柒兩玖分壹釐伍毫貳絲捌忽連前租貳項共銀捌拾兩壹錢捌分壹釐伍毫貳絲捌忽逐年徵收聽候學院項下支取刋刷考卷及賑濟本縣貧生之用

雜辦內減徵寬民欵項

課程

本縣浦子口商稅本色鈔叁萬伍千玖百柒拾壹貫

遇閏加鈔貳千玖拾叁貫（此項於天啓元年免編於民）

折色鈔叁萬柒千肆百貳拾捌貫每貫折銅錢貳文

共錢柒萬肆千捌百伍拾陸文遇閏加鈔貳千捌

拾玖貫折銅錢肆千壹百柒拾捌文

酒醋折鈔壹千肆百伍拾柒貫每貫折銀陸毫共銀

捌錢柒分肆釐貳毫（以上貳項於順治叁年奉招撫內院洪　訂正經制攺編）

前南南餉項下在於田畝徵解

其城市鄉村酒戶香蠟舖免派

賦役全書　江浦縣　四